edition suhrkamp 2743

Migration ist eines der bestimmenden Themen unserer Zeit. Kein Tag vergeht, an dem im Fernsehen oder in den sozialen Medien nicht über Geflüchtete, Fluchtursachen oder Flüchtlingshilfe diskutiert würde. In den Hintergrund gerät dabei, welche Konsequenzen Begriffe und Ausdrucksweisen haben. Zu oft bringt schon unsere Sprache die Betroffenen zum Schweigen, etwa wenn aus Menschen »Asylanten«, »Fremde« oder in den Worten von US-Präsident Trump: »Illegale« werden.

In drei Vorträgen denkt Masha Gessen darüber nach, welche Rolle Journalistinnen und Journalisten haben, wenn es darum geht, über Migration und Migranten zu berichten, zu sprechen, zu schreiben. Gessen berichtet von Menschenrechtsaktivisten aus Russland, Homosexuellen aus dem Iran – und aus der eigenen Familiengeschichte. Die Porträts fügen sich zu einem beeindruckenden Plädoyer für die menschliche Würde.

Masha Gessen, geboren 1967 in Moskau, wurde mit dem Buch *Der Mann ohne Gesicht: Wladimir Putin. Eine Enthüllung* (2012) bekannt. Für *Die Zukunft ist Geschichte. Wie Russland die Freiheit gewann und verlor* erhielt Gessen u. a. den National Book Award (2017) und den Leipziger Buchpreis zur Europäischen Verständigung (2019). Gessen schreibt für das Magazin *The New Yorker* und lehrt am Amherst College.

Masha Gessen

Leben mit Exil

Über Migration sprechen

Drei Vorträge

Aus dem Englischen von Ursel Schäfer

Mediacampus frankfurt
die schulen des deutschen buchhandels GmbH

Wilhelmshöher Straße 120 · 60389 Frankfurt/Main
www.mediacampus-frankfurt.de

Suhrkamp

edition suhrkamp 2743
Erste Auflage 2020
Originalausgabe
© Suhrkamp Verlag Berlin 2020
Satz: Satz-Offizin Hümmer GmbH, Waldbüttelbrunn
Druck: Druckhaus Nomos, Sinzheim
Umschlag gestaltet nach einem Konzept
von Willy Fleckhaus: Rolf Staudt
Printed in Germany
ISBN 978-3-518-12743-8

Inhalt

I
Wie man die Geschichten von Immigration erzählen sollte

Ich werde oft gefragt, wie es ist, in den Vereinigten Staaten journalistisch zu arbeiten, nachdem ich zuvor in Moskau in diesem Beruf tätig war. Scherzhaft antworte ich dann, dass es wunderbar ist: Ich erhalte kaum noch Morddrohungen und kann für ein großartiges Magazin schreiben. Meine Texte werden gelesen, und ich erfahre Anerkennung. Es ist alles da, wovon Journalisten nur träumen können – Leser, Anerkennung, Respekt.

Beginnen möchte ich mit der Frage, was es heißt, ein Zuhause zu haben. Zuhause ist ein Ort, an dem man in Sicherheit ist und sich geborgen fühlt, ein Ort, an dem man sich gebraucht und geschätzt fühlt, ein Ort, an dem man spürt, dass man etwas Wichtiges beitragen kann, aber auch, dass man hinfallen kann und einem aufgeholfen wird.

Deshalb möchte ich heute über Emigranten, Immigranten, Migranten, Geflüchtete und Asylsuchende sprechen – Menschen, die kein Zuhause haben. Ich spreche in erster Linie als jemand, der journalistisch tätig ist, obwohl ich auch Migrations- und technisch gesehen sogar Fluchterfahrungen habe.

Meine Erfahrung mit Migration war sehr milde – die große russische Dichterin Anna Achmatowa hätte sie wahrscheinlich als »vegetarisch« bezeichnet. Flugzeuge und Züge gehörten dazu – die regulären Abteile von Reisezügen – und nicht nervenaufreibende Kletterreien über und Hocken auf Zugdächern. Ich habe nur wenige Tage in Gewahrsam verbracht. Meine Migration erfolgte auf einem klar vorgezeichneten legalen Weg und endete sanft in einer Gemeinschaft von Menschen, die meiner Familie helfen wollten und das nötige Geld dafür hatten. Ich beschreibe hier die Immigration meiner Familie in die Vereinigten Staaten im Jahr 1981. Diese Erfahrung vermittelte mir höchstens ansatzweise den Eindruck, keine Stimme zu haben und in absoluter Unsicherheit gelandet zu sein, aber diesen Eindruck werde ich wahrscheinlich nie vergessen. Und auch das Warten werde ich nicht vergessen, ein Definitionsmerkmal von Machtlosigkeit in der modernen Welt.

Vor mehr als einem halben Jahrhundert beschrieb Hannah Arendt den Zustand, ein Flüchtling zu sein, sowohl als Erfahrung wie als politisches Dilemma. In *Elemente und Ursprünge totaler Herrschaft* schrieb sie:

Etwas viel Grundlegenderes als die in der Staatsbürgerschaft gesicherte Freiheit und Gleichheit vor dem Gesetz also steht auf dem Spiel, wenn die Zugehörigkeit zu der Gemeinschaft, in die man hineingeboren ist, nicht mehr selbstverständlich und die Nichtzugehörigkeit zu ihr nicht mehr eine Sache der Wahl ist oder, wenn Menschen in die Situation gebracht werden, wo ihnen, falls sie sich nicht entschließen, Verbrecher zu werden, dauernd Dinge zustoßen, die ganz unabhängig davon sind, was sie tun oder unterlassen. Auch wo ihnen eine noch intakte Zivilisation das Leben sichert, sind sie, politisch gesprochen, lebende Leichname. […] Sie [die Geflüchteten aus Russland in den zwanziger Jahren und die Juden während des Nationalsozialismus; Anmerkung der Übersetzerin] waren politisch […] der Fähigkeit beraubt, Überzeugungen zu haben und zu handeln. Es stellte sich heraus, daß diese Fähigkeiten selbst nur funktionieren können, wenn sie durch ein Recht gesichert sind.[1]

Dieses Dilemma mache uns bewusst, dass es so etwas gibt wie »ein Recht, Rechte zu haben« – wir sagen vielleicht, dass die Menschenrechte uns allen zustehen, weil wir Menschen sind, aber in Wahrheit können nur die Menschen ihre Rechte einfordern, die auch Bürger sind. Wenn Menschenrechte ein Attribut des Menschseins sind, dann müssen wir uns der Tatsache stellen, dass vielen Millionen Heimatlosen ihr Menschsein aberkannt worden ist.

Warum spreche ich hier und jetzt darüber? Manchmal habe ich das Gefühl, über gar nichts anderes sprechen zu können. Aber auch das spielt eine Rolle: Am 10. April 2016 erschien der *Boston Globe* mit einer fiktiven Titelseite und der Schlagzeile »Abschiebungen beginnen in Kürze«. Es handelte sich um die Überschrift zu einem Leitartikel mit der Aufforderung an die Republikanische Partei, die Nominierung von Donald Trump zu stoppen. Andere Artikel auf der Seite, die laut Redaktion ein Versuch sein sollte, Trump beim Wort zu nehmen, schilderten neben weiteren Akten der Aggression einen Handelskrieg und einen Feldzug

---

1 Hannah Arendt, *Elemente und Ursprünge totaler Herrschaft*, München: Piper 2019 [1955], S. 613f.

gegen die Medien. Die Einzelheiten trafen so nicht ein, aber den Geist von Trumps Politik erfassten die Beiträge gut. Was mir von dieser Seite in Erinnerung blieb, ist, was ich mir jetzt nicht vorstellen kann: Ich kann mir nicht vorstellen, dass eine Tageszeitung mit einer Schlagzeile über Abschiebungen aufmacht, nicht einmal, wenn diese in einem Umfang stattfinden, wie es ihn noch nie gegeben hat. Dafür wäre die Nachricht nicht spektakulär genug.

Eine Meldung über das Vorhaben, 5200 Soldaten an die Grenze zu Mexiko zu entsenden, brachte die *New York Times* am 30. Oktober 2018 auf Seite A18. Die Platzierung so weit hinten hatte nichts mit Hartherzigkeit der Redaktion zu tun: Drei der vier Schlagzeilen auf der Titelseite oberhalb des Falzes handelten von den Folgen der Schießerei in der Synagoge von Pittsburgh drei Tage zuvor; ein Artikel stellte eine Verbindung zwischen den Schüssen und der hasserfüllten Rhetorik im Zusammenhang mit der sogenannten Migrantenkarawane her, die Ende 2018 die Grenze zwischen Mexiko und den USA erreichte. Im Vergleich zu diesen größeren Geschichten mag die Meldung über die Truppenentsendung zweitrangig erschienen sein. Und dann passierten ja auch noch andere Dinge auf der Welt – ein Flugzeugabsturz in Indonesien, eine Wahl in Brasilien. Es kann schließlich nicht immer nur um Immigration gehen, oder? Die Frage ist ernst gemeint.

Wie ein Großteil der Berichterstattung, aber vielleicht sogar noch mehr als diese, ist das Schreiben über Immigration von dem betroffen, was ich als Trump-

Verschiebung bezeichnen möchte. Journalisten verwenden beiläufig Formulierungen wie »illegaler Grenzübertritt«, wenn sie über Asylsuchende schreiben – obwohl es tatsächlich kein Gesetz gibt, das von Geflüchteten verlangt, bestimmte Einreisewege zu nehmen. Sie eignen sich immer mehr den Sprachgebrauch der Immigrationspolitik an, die Menschen daran hindern will, in die Vereinigten Staaten zu gelangen. Auffallend ist die Verwendung von Wörtern wie »Karawane« und »Migranten«, wenn von Menschen die Rede ist, die fliehen, um Sicherheit zu finden.

Diese Verschiebung verengt den Spielraum, um der Politik des Hasses und der Aggression entgegenzutreten. Außerdem erzeugt sie eine Hierarchie der Geschichten, sowohl für die Schreibenden wie für die Lesenden. Dass Kinder von ihren Familien getrennt werden, ist so herzzerreißend, dass kaum noch Platz für gewöhnlichere Geschichten über den Krieg gegen Immigranten bleibt. Denken wir nur an jenen Mexikaner, der zwölf Jahre in San Diego lebte, arbeitete und Steuern zahlte und dann abgeschoben wurde. Er versuchte zurückzukehren, kletterte über die Mauer in Tijuana, stürzte ab und brach sich beide Sprunggelenke. Letzten Sommer habe ich über ihn geschrieben, und fast niemand hat die Story gelesen. Ich verstehe warum.

Und dann sind da noch die Geschichten, die ich nicht geschrieben habe. Ich habe nicht über die Transgenderfrau aus Tschetschenien geschrieben, die von Mexiko aus in die Vereinigten Staaten gelangte und dann in Chicago festgenommen wurde. Verglichen mit dem, was sie in den Jahren zuvor durchgemacht hatte, fühlte sich die Haft geradezu gut an. Dann ist da das Paar aus Russland, beide Akademiker, die von der Geheimpolizei vertrieben wurden, weil sie schwul sind und weil sie sich mit Geschlechterfragen befassen. Sie gelangten in zwei verschiedene Länder, und der eine in so etwas wie ein Gefangenenlager. Es gibt die Geschichte eines Hungerstreiks in einer Hafteinrichtung in Oregon, den ich verfolgt hatte, aber über den ich noch nicht geschrieben hatte, als einer der Hungerstreikenden letzte Woche starb.

Vor zwei Jahren hat an dieser Stelle Martin Baron von der *Washington Post* gesprochen, der vielleicht größte Zeitungsredakteur meiner Generation. Er sagte, in der Ära Trump gebe es für die Journalisten nur eine Lösung: »Wir müssen einfach unseren Job machen.« Ich denke, das ist eine großartige Lösung. Nur wüsste ich gern genauer, was unser Job ist. Marty sagte, unsere Aufgabe sei es, den Mächtigen auf die Finger zu schauen. Ich denke, diese Definition von Journalismus ist die beste Definition, die ich bislang gehört habe, und sie zeigt die Stoßrichtung unserer Arbeit. Aber es gibt ein Problem dabei. Den Mächtigen auf die Finger zu schauen erfordert Macht und verleiht zugleich Macht. Wir Journalisten müssen jeden Tag, jede Woche, jede Stunde entscheiden, wie wir mit dieser Macht umgehen. Weder unsere Aufnahmefähigkeit noch die unserer Leser ist grenzenlos. Deshalb muss die Macht, den Mächtigen auf die Finger zu schauen, im Einklang mit einer Hierarchie von Prioritäten ausgeübt werden, die mehr umfasst als nur die Anzahl der Blicke, die ein Artikel auf sich zieht.

Ich habe *in meiner* journalistischen Tätigkeit Macht erfahren. Bei drei unterschiedlichen Gelegenheiten, als ich über einzelne Immigranten oder Geflüchtete schrieb, schien der Artikel – oder in einem Fall meine Anwesenheit im Gerichtssaal – ihr Schicksal positiv zu beeinflussen. Eine Abschiebung wurde verhindert, Asyl wurde gewährt. Vielleicht waren es glückliche Zufälle, aber wir wissen, dass die Bürokratie sensibel auf Macht reagiert. Der *New Yorker* hat Macht. Ich habe Macht, weil ich für den *New Yorker* schreibe.

Diese Macht, über die einzelne Menschen verfügen, ängstigt mich. Wenn ich die Macht habe, durch Schreiben das Leben einer Person zu verändern – das Leben einer Person zu retten –, was ist dann mit den Geschichten, die ich nicht geschrieben habe? Was ist mit den Geschichten, von denen ich nicht einmal weiß? Wie kann ich überhaupt über irgendetwas schreiben? Wie kann das irgendjemand von uns?

Manchmal frage ich mich, ob wir überhaupt das Recht haben, andere Geschichten zu schreiben. Was wäre, wenn nicht? Was wäre, wenn wir eine Woche – oder vielleicht einen Tag – über nichts anderes schreiben würden? Nur Geschichten über Immigration. Ich vermute, unsere Leser wären überfordert. Man kann nur ein bestimmtes Maß an menschlichem Leid an sich heranlassen. Man kann nur in begrenztem Umfang persönliche Geschichten aufnehmen, sonst läuft alles ineinander. Natürlich würde das einen Eindruck von der

Größenordnung des Problems vermitteln, aber die journalistische Ökonomie betrachtet Größe selten auf diese Weise. Wir wollen praktisch nie etwas vollständig darstellen, unser Metier sind die repräsentativen Geschichten. Ich erinnere mich nur an eine Ausnahme: als die *New York Times* die Lebensgeschichten aller Toten des 11. September 2001 veröffentlichte. Nicht die Geschichten all dieser Menschen oder eine Mischung daraus waren die Story, obwohl man so etwas hätte machen können. Die Story war das Unvorstellbare: die Größenordnung.

Es war unvorstellbar, aber es war nicht unermesslich. Tatsächlich hatte es präzise Dimensionen. Die Krise der heimatlosen Menschen ist viel größer – unvorstellbar größer, aber messbar. Ich könnte viele Argumente anführen, warum wir diese Geschichten über heimatlose Menschen schreiben sollten. Es gibt das Argument, dass sie in Einzelfällen helfen können. Es gibt die Argumente, wie die Anwesenheit heimatloser Menschen auf der Welt uns entmenschlicht, wie sie die Politik der Länder und der Welt destabilisiert, wie sie Demagogen den Weg bereitet. Aber all diese Argumente will ich nicht verwenden. Ich will das Argument vorbringen, dass es die Aufgabe von Journalisten ist, den Menschen von anderen Menschen zu erzählen. (Und auch, den Mächtigen auf die Finger zu schauen.) Politik ist eine Folge der Einsichten, zu denen solche Geschichten führen können. Politik – der kollektive Prozess der Entscheidung darüber, wie wir die Welt bewohnen wollen – schafft Heimaten. Menschen politisch zu übergehen bedeutet, ihnen eine Heimat zu verwehren. Nicht nur die Staatenlosigkeit verwehrt Menschen das Recht, Rechte zu haben – sondern die Unsichtbarkeit, die natürlich ein Aspekt der fehlenden Staatsbürgerschaft ist.

Deshalb will ich die Macht, die ich vorübergehend besitze, nutzen und vorschlagen, dass wir überlegen, wie es wäre, wenn wir versuchten, die Größe des Problems der heimatlosen Menschen direkt zu vermitteln. Ich denke, dazu wäre es nötig, über nichts anderes als über Immigration zu schreiben. Machen wir das einen Tag lang. Und dann machen wir es noch einmal.

3. Dezember 2018

II
58 Geschichten der Migration

I.

In einem Vortrag habe ich vor einiger Zeit den Vorschlag gemacht, wir Journalisten sollten einmal versuchen, einen Tag – wenigstens einen Tag – über nichts anderes zu schreiben als über Migration. Heute will ich etwas in diese Richtung versuchen. Ich habe einen Stapel Karteikarten vor mir, auf jede habe ich eine Geschichte geschrieben. Bei der Auswahl habe ich einige wenige Kriterien angelegt. Über jede Geschichte besitze ich spezielles Wissen: Ich habe aus direktem Erleben darüber berichtet, meistens habe ich die Person während ihrer Flucht getroffen. Die Geschichten habe ich so angeordnet, wie Menschen Geschichten erzählen – nicht als eine durchgehende Geschichte, die auf Verallgemeinerungen und Themen aufbaut, sondern als viele verschiedene Geschichten, die durch Ort, Zeit, Details miteinander verbunden sind. Eine Geschichte kann auf eine andere folgen, weil sie sehr ähnlich ist oder weil sie durch einen Assoziationsfaden mit der vorigen zusammenhängt. Aber jede Geschichte steht für sich.

1.
Ali Rexha
Er war sechsunddreißig, als ich ihm im April vor zwanzig Jahren zum ersten Mal begegnete, während der Bombardierung Serbiens durch die Nato. Seine Fami-

lie war in die Vereinigten Staaten gegangen, als er fünf
war. Er wuchs in Staten Island auf, aber es trieb ihn
dann doch zurück nach Ulcinj, einer Stadt am Meer
in Montenegro, direkt an der Grenze zu Albanien. Er
arbeitete als Hotelmanager. Durch die vielen Kriege
hatten bis auf zwei alle Hotels in der Stadt geschlossen.
Ali leitete nun Flüchtlingslager an Orten, wo früher
Campingplätze gewesen waren. Die Lager hießen Freude, Küstenhain, Neptun, Brüderlichkeit und Einheit.

2.
Arben
Er war Alis Fahrer. Er sagte: »Es ist schön für die
IDPs« – Binnenflüchtlinge (auf Englisch *internally dis-
placed persons*), was die aus dem Kosovo geflohenen
Menschen zu dem Zeitpunkt formell waren, weil der
Kosovo und Montenegro immer noch zu etwas gehörten, das Jugoslawien hieß. »Die meisten können es sich
nicht leisten, im Sommer an die Küste zu fahren.« Ar-
bens Freundin stammte aus Pristina, der Hauptstadt
des Kosovo, er hatte sie rechtzeitig herausgeholt. Er
hatte gewusst, wann es Zeit war, weil er damals bereits
für das Flüchtlingshilfswerk der Vereinten Nationen
arbeitete und sah, dass die internationale Organisation
begonnen hatte, sich zurückzuziehen.

3.
Arben Kastrati
Ich lernte Benny bei meiner ersten Reise in den Kosovo
1994 kennen. Damals berichtete ich über das im Unter-

grund betriebene Bildungssystem in albanischer Sprache. Benny war mein Fixer. Er war Schauspieler und kurz zuvor im Kosovo und ganz Albanien berühmt geworden durch einen albanischen Film, der bei allen internationalen Festivals lief. Als ich zurückkehrte, um über den Krieg zu schreiben, der 1998 dort begann, versammelten sich alle Korrespondenten in Bennys Haus – und wir waren ziemlich viele. Es war ein wundervolles großes Haus, und im Gegensatz zum Hotel Pristina hatte es eine Heizung. Ein gutes Jahr später musste Benny mit seiner Familie, zu der inzwischen seine kleine Tochter gehörte, fliehen. Er sagte, er sei zur Persona non grata im Kosovo erklärt worden. Ich hatte das Gefühl, dass er womöglich log.

4.
Shpresa
Ich lernte sie im Lager Neptun kennen. Sie war neunzehn. Sie bestand darauf, mir Kaffee zu machen. Das erforderte die Hilfe der Menschen aus dem Nachbarwohnwagen: Shpresas Familie hatte einen elektrischen Kaffeekocher, und die andere Familie hatte Strom. »Im Kosovo waren wir reiche Leute«, sagte Shpresa. Das hatte sie erfunden. Die meisten Geflüchteten aus dem Kosovo in Ulcinj hatten sich von Privatleuten Häuser gemietet. Wer sich das nicht leisten konnte, lebte in einem Lager. Wer dort früh aufgeschlagen war, kam in einem der Wohnwagen unter, die Montenegro als Spende nach einem Erdbeben zwanzig Jahre zuvor erhalten hatte. Die später Eingetroffenen lebten in Zel-

ten. Klassenunterschiede reproduzieren sich bei Flüchtlingen, stärker noch als zu Hause.

5.
Maria
Shpresas Mutter war zweiundvierzig. Sie hatte erdbeerrot gefärbte Haare. Sie lebte in einem Wohnwagen im Lager Neptun, zusammen mit ihren zwei Töchtern, ihrer Mutter, die nicht hören und nicht sprechen konnte, sowie ihrem Ehemann. Ihr Mann hatte ein Nervenleiden, wie sie es ausdrückte. Daran litt er seit zehn Jahren, seit er fünf Jahre im Gefängnis gesessen hatte wegen eines Unfalls bei der Eisenbahn, wo er gearbeitet hatte. Im Kosovo hatte er irgendwie funktioniert, aber hier im Lager lag er nur im Bett und musste zum Essen überredet werden. Maria erzählte mir, dass sie dreizehn Stunden gelaufen waren, um hierherzugelangen.

6.
Edita
Edita war Marias Tochter, zehn Jahre alt. Nachdem ich mit den Interviews der erwachsenen Mitglieder ihrer Familie fertig war, fragte sie: »Möchtest du jemanden kennenlernen, der angeschossen wurde?«

7.
Valdet Haxhia
Er war derjenige, der angeschossen worden war. Er war dreiundzwanzig. Valdets Haus stand ein paar hundert Meter von der Polizeistation entfernt. Eines Tages,

einige Monate nach Ausbruch des Krieges, flogen dort Kugeln durch die Luft, eine durchschlug das Fenster, danach Valdet und blieb in der Wand stecken. Valdets Mutter musste die Polizei um Erlaubnis bitten, dass sie ihn ins Krankenhaus bringen durfte. Valdets Onkel saß am Steuer. Für die dreißig Kilometer brauchten sie zehn Stunden. Ein albanischer Doktor operierte Valdet auf der Stelle. Am nächsten Tag mussten die albanischen Mitarbeiter die Klinik verlassen. Valdet blieb zehn Tage dort. Ein Cousin holte ihn ab. Dann marschierten sie dreizehn Stunden nach Montenegro.

8.
Merita
Merita übersetzte für mich in Ulcinj. Wann immer sie ein sprachliches Problem ahnte, sagte sie: »Das ist sehr komisch.« Zum Beispiel: »Das ist sehr komisch. Bevor ich Pristina verließ, habe ich mich für so ein Ron-Brown-Stipendium beworben, weil ich in den Vereinigten Staaten Journalismus studieren wollte. Aber jetzt weiß ich nicht, wie ich herausfinden kann, ob ich eines bekommen habe.« Merita verließ den Kosovo zusammen mit ihren beiden jüngeren Schwestern, vierzehn und neunzehn, weil ihre Eltern nicht gehen wollten. Sie sagte: »Das ist sehr komisch. Als die Nato das Postamt in Pristina bombardierte, trafen sie auch das Sozialamt, wo mein Vater arbeitete. Deshalb vermute ich, dass er keinen Job mehr hat.« Ihre Eltern sagten am Telefon, sie seien in Ordnung, aber nicht, ob sie noch Arbeit hatten. Zwanzig Jahre später schaute ich

mir die Liste der Ron-Brown-Stipendiaten an, Meritas Namen fand ich nicht.

9, 10.
Schwester Linda und Schwester Graciana
Die beiden waren Nonnen, eine Anfang zwanzig, die andere über fünfzig. Katholiken sind in Albanien eine Minderheit – die bekannteste unter ihnen war wohl Mutter Teresa. Die Schwestern waren mit rund einhundertfünfzig anderen Personen aus ihrer Kirche gekommen. Sie hatten Fahrzeuge, damit fuhren sie an einer Menge Leute vorbei. Sie sahen viele serbische Polizisten, die nicht gewalttätig waren, sondern viel lachten. Sie sahen Menschen, die man gezwungen hatte, mitten in der Nacht, halb angezogen und barfuß ihre Häuser zu verlassen. Sie sahen Menschen, die ihre Habseligkeiten am Straßenrand liegen ließen, weil sie sie nicht mehr tragen konnten, aber in ihren Fahrzeugen hatten sie auch keinen Platz dafür. Am Abend vor ihrem Aufbruch hatte ein Priester jedem einzeln die Sterbesakramente erteilt. Sie kamen über Podgorica, die Hauptstadt Montenegros, nach Ulcinj. In Podgorica verbrachten sie die Nacht in einer Kirche. In der Nacht drangen fünf oder sechs Serben in die Kirche ein, in Zivilkleidung, aber mit Gewehren und Handgranaten. Sie sagten, »dieser Müll« gehöre nicht in die Kirche. Der Priester rief die Polizei, und den Rest der Nacht hatten sie Ruhe, umringt von montenegrinischen Spezialkräften. Das ist sehr komisch. Montenegro war immer noch ein Teil von Jugoslawien. Die Soldaten, die

diese Geflüchteten beschützten, und die Soldaten, die
sie vertrieben hatten, dienten in derselben Armee. Und
die Armeen, die ihre Stadt bombardiert hatten, hatten
das angeblich getan, um sie zu schützen. Schwester
Graciana trug eine schwarze Daunenweste mit einem
Nike-Logo.

11, 12.
Bedri Lushtaku und seine Tochter
Eine von Bedris vier Töchtern trug eine pinke Stepp-
jacke mit einem roten Aufnäher in Form einer gezack-
ten Sprechblase auf der linken Brustseite, darin das
Wort »POW«. Ich musste an »P.O.W.«, Prisoner of
War, denken und schauderte bei dem Anblick. Bedris
Frau hatte eine schwarze Trainingshose an, und auf
der einen Seite lief der Schriftzug »Champion USA«
das ganze Bein hinunter. Bedri hielt in der Tat große
Stücke auf die USA. Er sagte: »Im Herbst wird alles
vorbei sein, die Nato wird nicht verlieren.« Bedri war
siebenunddreißig, Lehrer für Wirtschaftskunde an einer Mittelschule. Er hatte Englisch gelernt, indem er
BBC hörte. Er stammte aus Prekaz, einem Dorf, das
die serbische Polizei als Wiege des Aufstands der Koso-
varen identifiziert hatte. Dreizehn Monate vor meiner
Begegnung mit Bedri war ich in Prekaz gewesen. Das
Dorf war leer. Die Hunde des Dorfs hatten sich zu
einem Rudel zusammengeschlossen und den Großteil
des Viehs gefressen. Ein Mitarbeiter des Roten Kreu-
zes wanderte durch die Ruinen. Ich zählte siebenund-
zwanzig frisch ausgehobene Gräber. Neben einem von

ihnen lag eine vergessene Schaufel. Bedri und seine Familie waren zwei Monate nach dem Massaker zurückgekehrt und wollten mit dem Wiederaufbau beginnen, aber dann »ging es wieder los«, wie Bedri sagte. Sie flohen erneut und kehrten erneut zurück. Als ich sie traf, hatten sie zum dritten Mal ihre Heimat verlassen. Sie waren zu Fuß nach Ulcinj gekommen, und von da an begleitete ich sie, mit dem Bus und zu Fuß, von dort nach Albanien. Überall an der Straße lag der Inhalt der Plastiktüten verstreut, die die Geflüchteten bei sich trugen und die geplatzt waren: zermatschte Zwiebeln, verschüttete weiße Bohnen, halbvolle Plastikflaschen mit Mineralwasser. Niemand wusste, wo Albanien begann. Busse fuhren von der Grenze in die Stadt Shkodra – zwei Busse, und zehnmal so viele Leute standen da, wie hineinpassten. Eine Stunde später kamen noch mal zwei Busse. Wir warteten. Wir quetschten uns in einen Bus. Er war brechend voll, und als die Türen zugingen, schrien Menschen drinnen und draußen »Familia!«. Damals schrieb ich: »Es gibt so viele Gelegenheiten, Familien zu trennen, wie es Etappen auf der Reise eines Flüchtlings gibt.«

13.
Marat Guelman
Zwanzig Jahre später ist die Küste von Montenegro Zufluchtsort für eine andere Art von Exilanten. Nun zieht es reiche Russen hierher. Marat hatte eine Galerie gehört, und in den Anfängen der Ära Putin war er ein hochrangiger Politikberater gewesen. 2013 wurde seine

Galerie von einer marodierenden Bande selbsternann-
ter »orthodoxer Aktivisten« angegriffen. Aber letztlich
bewegte ihn der Krieg in der Ukraine zum Gehen. Er
schrieb: »Ich will bei diesem Krieg nicht mitmachen.
Ich will nicht auf der Seite der Putin-Regierung stehen,
weil sie in meinen Augen der Aggressor ist und das
Völkerrecht verletzt hat. Aber ich möchte auch nicht
auf der Seite der internationalen Gemeinschaft stehen,
denn das hieße, Krieg gegen mein Land zu führen.«
Er stieg aus. Über sein Leben in Ulcinj schreibt er:
»Wir leben hier als Ausländer. Soweit wir politische
Ziele haben, bestehen sie darin, dass sich nichts ändern
soll.«

14.
Garri Kasparow

Der größte Schachspieler aller Zeiten gab das Spiel auf,
um sich ganz der Politik zu widmen. Im Februar 2013
erhielt er einen Anruf vom Untersuchungsausschuss
der Russischen Föderation, der Strafverfolgungsbehör-
de für wichtige Fälle. Er wurde zu einem Gespräch ge-
laden, als Zeuge. Sein Freund Boris Nemzow warnte
ihn: »Wenn du als Zeuge hineingehst, kommst du als
Angeklagter wieder raus.« Kasparow ging nach New
York. Seitdem organisiert er das Free Russia Forum,
eine Gruppe einiger hundert Aktivisten im Exil, die
sich jedes Jahr mehrmals in Litauen treffen und für eine
Zukunft planen, in der sie wieder in ihrer Heimat leben
können.

15.
Boris Nemzow
Über ihn hatte es einmal geheißen, er sei der wahrscheinliche Erbe von Präsident Boris Jelzin. Unter Putin war er in der Opposition: erst im Parlament, dann auf der Straße und immer öfter im Gefängnis. Auf dem Höhepunkt der Repressionen, 2014, verließ er das Land. Etwas über einen Monat hielt er sich in Israel auf. Er redete, als wäre sein Leben vorbei. Er war bestürzt – beschämt, so schien es –, wenn Menschen in Russland in den sozialen Netzwerken oder in den Medien behaupteten, er sei emigriert. Schließlich kehrte er zurück. Am 27. Februar 2015 wurde er auf einer Brücke über die Moskwa direkt vor dem Kreml erschossen.

16.
Schanna Nemzowa
Zwei Monate nach dem Tod von Boris Nemzow erreichte seine Tochter, eine dreißigjährige Journalistin, in Deutschland die Nachricht, dass einer der engsten Mitstreiter ihres Vaters, Wladimir Kara-Mursa jr., vergiftet worden war und im Koma lag. Sie beschloss, nicht zurückzukehren. Sie sprach kein Deutsch, aber Italienisch, und so unterhielt sie sich die ersten Monate in Bonn fast nur mit den Besitzern des Hotels, in dem sie wohnte, und mit den Angestellten in dem italienischen Restaurant nebenan.

17.
Petja Wersilow

Wladimir Kara-Mursa jr. erwachte aus dem Koma und wurde in die USA geflogen, wo er die meiste Zeit lebt. Aber sobald es ihm wieder einigermaßen gut ging, begann er, nach Russland zu reisen, um seine politische Arbeit fortzusetzen. Dann wurde er erneut vergiftet. Er hatte dieselben Symptome: Multiorganversagen, kein messbarer Blutdruck. Diesmal wussten die Ärzte schon, was zu tun war, und er überlebte ein zweites Mal. Petja Wersilow, besser bekannt als Ehemann des Pussy-Riot-Mitglieds Nadja Tolokonnikowa und ein unermüdlicher Kämpfer für die Gruppe, wurde im September 2018 in Moskau vergiftet. Wochen später kämpfte er in einer Berliner Klinik noch immer gegen akute Verwirrtheitszustände. Er hat sich schließlich erholt, kehrte aber nicht nach Russland zurück.

18.
Alexander Litwinenko

Er war Putins berühmtestes Vergiftungsopfer, aber ich denke an seine Flucht. Als Whistleblower aus dem russischen Geheimdienst rechnete er mit seiner Verhaftung. Mit einem gefälschten Pass gelangte er in die Türkei. Seiner Frau sagte er, sie solle mit ihrem gemeinsamen Kind nach Spanien fliegen – er sprach von Urlaub, aber an seinem Tonfall merkte sie, dass das nicht stimmte. Er instruierte sie, nur Wegwerfhandys zu benutzen. Jemand begleitete seine Frau in die Türkei. Sie wandten sich an die US-Botschaft, aber man erklärte ihnen, die

Vereinigten Staaten hätten kein Interesse an ihren Informationen. Doch nun wussten die Russen ganz sicher, wo er sich aufhielt – die amerikanische Botschaft wurde überwacht. Sie mussten die Türkei verlassen. Sie buchten Tickets an irgendein Ziel, für das sie kein Visum brauchten, mit einer Zwischenlandung in London und baten dort um Asyl. Damit erkaufte er sich fünf Jahre.

19.
Boris Beresowski
Er war der prominenteste russische Exilant, ein Oligarch, der behauptete, Putin an die Macht gebracht zu haben. Innerhalb eines Jahres wurde klar, in welche Gefahr er sich begeben hatte: Sein Fernsehsender demütigte Putin wegen dessen Umgang mit dem Untergang des U-Boots Kursk. Klügere, erfahrenere Menschen rieten ihm, das Land zu verlassen und nicht zurückzukehren. Er tat es und entwickelte Pläne, eine Revolution in Russland anzuzetteln. Er gründete eine NGO in der Hoffnung, einen Aufstand auszulösen oder zumindest unterstützen zu können. Er setzte auf alle möglichen Leute, doch sein Urteilsvermögen wurde immer schlechter, je länger er im Exil lebte. Das Geld ging ihm aus, zum Teil weil Putins Leute seine Firmen übernommen hatten. Er erhob Klage vor einem britischen Gericht, doch scheiterte: Als Zeuge in eigener Sache machte er eine miserable Figur. 2013 starb er mittellos, anscheinend durch Selbstmord.

20.

Michail Chodorkowski

Er ist ein weiterer Oligarch, und er verließ das Land nicht rechtzeitig, um dem Gefängnis zu entgehen. Zehn Jahre saß er hinter Gittern. Dann, vor den Olympischen Spielen in Sotschi, wurde Putin unruhig: Es sah so aus, als würde niemand zu seiner Party kommen. Um seinen Ruf auf den letzten Drücker doch noch zu verbessern, ordnete er die Haftentlassung mehrerer Personen an, und auf einmal saß Chodorkowski in einem Flugzeug nach Berlin. Die Jacke, die er trug, hatte ihm einer seiner Begleiter auf dem Weg aus dem Gefängnis geliehen. Die Bedingung für seine Freilassung war, dass er außer Landes blieb. Heute betreibt er Open Russia – eine Organisation, die sich dem Land verschrieben hat, in das er nicht zurückkehren kann. Er denkt sehr langfristig, so ähnlich wie man über Kernfusion und Reisen außerhalb unseres Sonnensystems denkt – zu seinen Lebzeiten wird es womöglich nichts mehr, aber er möchte seinen Beitrag leisten, um ein demokratisches Russland zu schaffen.

21, 22.

Nikolai Chalesin und Natalja Koljada

Sie leiteten ein unabhängiges Theater in Minsk. Irgendwann tauchte immer wieder die Polizei auf. Damals wurden viele Menschen verhaftet, und sie hatten das Glück, dass sie so etwas wie eine Warnung erhielten. Am Neujahrsabend kletterten sie in das Auto eines Freundes – in den Raum zwischen den Vorder- und

Rücksitzen, über sie wurden Bettdecken aufgehäuft – und fuhren über die Grenze nach Russland. Von dort flogen sie nach New York City zum Rest ihrer Truppe, die auf Tournee war. Nach der Tournee kehrten die meisten wieder heim nach Minsk. Nikolai und Natalja flogen nach London. Seit nunmehr neun Jahren leiten sie das Belarus Free Theatre via Skype – Proben, Casting und Unterricht, alles von einem grünen Laptop aus.

23.
Michail Kaluschski
Er ist Autor von Drehbüchern für Dokumentarfilme und Regisseur in Moskau. Zusammen mit dem Schweizer Regisseur Milo Rau brachte er ein zweitägiges Theaterstück über den Pussy-Riot-Prozess auf die Bühne. Rau durfte nicht nach Russland einreisen. Ein Mitglied von Pussy Riot, eine junge Frau, die sich selbst spielen sollte, machte im letzten Moment einen Rückzieher – sie saß im Publikum und sah zu, wie niemand sie spielte. Dann drangen Männer in Kosakenuniform in das Theater ein und störten die Aufführung. Nach einer Unterbrechung ging sie weiter, aber wenig später verließen Kaluschski, seine Frau und ihre Kinder das Land. Sie hatten Glück – sie durften nach Israel emigrieren, in ein Land, wo sie zwar nicht leben wollten, aber immerhin in Sicherheit waren. Sechs Monate später emigrierten sie erneut – nach Berlin.

24.
Grischa Ochotin

Als ich ihn kennenlernte, war er einundzwanzig oder zweiundzwanzig: Er hatte seinen ersten Job als Journalist, und ich war seine Redakteurin. Neun Jahre später rief er OVDInfo ins Leben, eine Publikation zur Dokumentation politischer Verfolgung in Russland. Genau genommen ist es keine Publikation: Grischa meinte einmal, man könnte verrückt werden, wenn man es regelmäßig lesen würde. Dasselbe kann geschehen, wenn man die Beiträge redigiert. Da half es immerhin, in Berlin zu leben, stellte er fest: Wenn man am Ende des Tages in der U-Bahn sitzt und keiner der Mitfahrenden an politische Gefangene denkt, kann man ihnen wenigstens vergeben.

25, 26, 27.
Alissa, Sascha, Elja

Als ich begann, wollte ich Geschichten von Flucht erzählen. Hier ist eine. In Grosny, der Hauptstadt von Tschetschenien, gab es eine Gruppe von acht Freundinnen, alles junge, lesbische Frauen. Eines Tages verschwanden vier von ihnen. Die restlichen vier fürchteten, sie würden die Nächsten sein. Sie planten ihre Flucht. An dem Tag, an dem sie von einer Gruppe russischer Aktivisten herausgebracht werden sollten, durfte eine von ihnen das Haus nicht verlassen, und so gingen die anderen drei – zwei waren ein Paar – ohne sie. Zweieinhalb Tage wurden sie quer durch Russland gefahren, dann verbrachten sie vier Monate in einem sicheren Haus, in der Hoffnung, die Nachforschungen auf Betreiben ihrer Familien aussitzen zu können. Schließlich versuchten sie das Land auf dem Landweg zu verlassen, wurden aber zurückgeschickt. Beim zweiten Versuch wurden sie am Flughafen festgenommen. Ihr Rechtsanwalt kam, sie legten unterschriebene Erklärungen vor, dass sie – nach dem Gesetz alle Erwachsene – auf eigenen Wunsch von zu Hause weggegangen waren. Sie wurden auf freien Fuß gesetzt, aber diesmal hatte man ihre Familien über ihren Verbleib informiert. Nach Verlassen des Flughafens wären sie nicht in Sicherheit gewesen. Sie kauften Tickets für ein Land, für das sie kein Visum benötigten, und flogen fort. Aber natürlich konnten auch ihre Familien ohne Visum problemlos in dieses Land einreisen – es war also besser, nicht dort zu bleiben. Sie buchten Tickets für die Heimreise nach Russland mit einer Zwischenlandung in einem Land, in dem sie Asyl beantragen wollten. Doch durften sie nicht an Bord des Flugzeugs gehen, weil die Airline ihre Reiseroute verdächtig fand. Dass alle drei Musliminnen waren, hatte sicher etwas damit zu tun. Sie saßen fest. LGBT-Aktivisten vor Ort organisierten eine sichere Unterkunft für sie, wo sie die nächsten eineinhalb Jahre blieben, ohne vor die Tür gehen zu können, ohne eine Zukunft planen zu können. Sie schauten sich viele Fernsehserien an.

28.

Abdullah

Ich lernte ihn in einem sicheren Haus in Moskau kennen, ein paar Monate nachdem die Welt erfahren hatte, dass Tschetschenien Jagd auf schwule Männer machte, sie folterte und hinrichtete oder den Familien befahl, sie umzubringen. Abdullah war fünfundzwanzig. Während wir sprachen, beobachtete ich, wie sich seine Hände immer wieder verkrampften – Folgen der Folter mit Stromstößen. Ich interviewte ihn und dann andere, und Abdullah schlenderte aus der Küche und verwandelte sich für die Nacht: hochhackige Schuhe, paillettenbesetztes Top, Lippenstift, dessen Rot durch seinen dunklen Bart noch intensiver wirkte. Er sagte mir, sein Traum sei es, nach Kanada zu gehen und Travestiekünstler zu werden. Aber als Erstes wolle er ein Video mit einer Botschaft drehen. In der Eröffnungsszene liegt ein Mann auf einem dreckigen Fußboden. Er wurde geschlagen, und sein Gesicht zeigt Spuren von Makeup. Er trägt schwarze Leggins, sein Oberkörper ist nackt. Bei der Beschreibung der zweiten Szene wechselte Abdullah in die erste Person. »Die LGBT-Community kommt. Sie drängen die Menschen ab, die mich gedemütigt haben. Dann helfen sie mir hoch und führen mich hinaus.« Für die dritte Szene verwendete er für sich die weibliche Form eines Adjektivs. »Draußen hat sich eine Menge versammelt, sie sind gekommen, um zu gaffen. Und ich schreite durch die Menge. Ich habe Blut im Gesicht, aber ich habe auch meine Würde, und ich trage Absätze. Ein Mädchen hat eine Regenbogenfahne in der Hand, ich nehme sie und halte sie hoch. Sie werfen Steine nach mir, aber ich gehe einfach weiter.« Am Ende wartet eine Limousine. »Ich steige ein, ich mache eine obszöne Geste in ihre Richtung – und dann bin ich weg.«

29.

Nokhtscho

Ich traf ihn in dem sicheren Haus in Moskau. Nokhtscho war nicht sein richtiger Name, aber alle sprachen einander hier mit falschen Namen an – einfach um sicher zu sein, dass niemand jemand anderen verraten konnte, auch nicht aus Versehen. Nokhtscho war achtundzwanzig. Er hatte seit fünf Jahren einen Partner, und seine Familie akzeptierte die Beziehung sogar, gewissermaßen – weil beide zum selben Clan gehörten, war ihre offensichtliche Nähe nicht anstößig: Sie durften wie Brüder miteinander umgehen und wurden auch so behandelt. »Ich liebe die Abendessen im Familienkreis, all die Wochenenden mit der Familie«, sagte Nokhtscho. Das vermisste er. Und natürlich vermisste er auch seinen Partner. Gemeinsam hatten sie sich um eine alte Großmutter gekümmert, und jemand musste bei ihr bleiben. Nokhtscho war kurz in Haft gewesen, daher wusste er, dass er das Land verlassen musste. Wenn sie miteinander telefonierten – was nach den Regeln des sicheren Hauses verboten war –, schärfte sein Partner ihm immer wieder ein, er solle Tschetschenien vergessen und sich auf seine Zukunft konzentrieren – und auf die Beziehungen, die sie vielleicht bringen werde.

30.
Asamat

Ich traf ihn in einem Café in Moskau an dem Tag, an dem er nach Frankreich ausreisen wollte. Er hatte seine Ausweispapiere und seinen Rucksack dabei, denselben Tagesrucksack, mit dem er aus Tschetschenien weggegangen war. Asamat war fünfundzwanzig und verbrachte viel Zeit außerhalb seines Heimatlandes – so viel, dass er sich an die Regel halten konnte, keinen Kontakt mit anderen Schwulen in Tschetschenien oder aus Tschetschenien zu haben. Aber dann war da dieses eine Mal gewesen, als in einem Internetforum jemand mit dem Benutzernamen Marcel Proust auftauchte. Asamat liebte Proust so sehr, dass er der Versuchung, einen anderen schwulen Tschetschenen kennenzulernen, der Proust genauso liebte, nicht widerstehen konnte. Ein paar Monate später wurde der andere junge Mann festgenommen. In seinem Telefon fand man Asamats Nummer. Asamat gelang die Flucht. »Marcel Proust« war tot.

31.
Arkadi

Er war noch keine zwanzig. Seine Mutter starb in Tschetschenien, während er in dem sicheren Haus in Moskau lebte. Arkadi schnitt sich die Pulsadern auf. Dann machte er es noch einmal, nachdem er zuvor Schlaftabletten geschluckt hatte. Er bekam ein Visum für Frankreich und verließ Moskau. Dann kehrte er nach Russland zurück.

32.
Luisa

Sie war Anfang zwanzig. Sie lebte in einem sicheren Haus in Moskau und sollte ins Ausland gebracht werden, aber sie erschien nicht zur vereinbarten Zeit am vereinbarten Treffpunkt. Stattdessen hinterließ sie ihrer Kontaktperson eine Sprachnachricht: »Ich versuche, diese Nummer loszuwerden. Wenn du Anrufe von dieser Nummer bekommst, antworte nicht.« Ein paar Wochen später erfuhren die Aktivisten, dass Luisa in Tschetschenien gestorben war, im Haus ihrer Familie. Der offizielle Grund war Nierenversagen. Sie glaubten, dass ihre Familie sie vergiftet hatte.

33.
Olga Baranova

Sie war Aktivistin, hatte früher in leitender Position in einer Werbeagentur gearbeitet und später ihre Energie in den Aufbau eines Zentrums für die LGBT-Community in Moskau gesteckt. Dann konzentrierte sie ihre Anstrengungen darauf, Menschen aus Tschetschenien herauszuholen. Sie war hervorragend darin, Dinge zu organisieren: Wohnungen zu mieten, die als sichere Unterkünfte dienen konnten; sich um sichere medizinische und psychologische Hilfe zu kümmern; die richtigen Papiere zu beschaffen. Sie hatte eine Reihe seltener Begabungen – und sie konnte auch wie eine Mutter sein. Etwa ein Jahr nach Luisas Verschwinden war auf einmal eine andere junge Frau nicht mehr da, anscheinend hatte ihre Familie sie entführt. Olga gab eine Vermisstenanzeige auf. Sie nannte ihren Namen und ihre Adresse, ihr größter Fehler. Jetzt war nicht nur sie in Gefahr, sondern, solange sie in Moskau blieb, auch all die Menschen, denen sie half. Sie schaffte zuerst ihren sechsjährigen Sohn außer Landes, dann ging sie selbst mit ihrer Partnerin. Am schlimmsten war es für sie, um Asyl in den USA zu bitten: Das nämlich bedeutete, dass sie die nächsten fünf Jahre nicht nach Russland und zu ihrer Arbeit würde zurückkehren können.

34.
Lyosha Gorshkov

Er wurde in einer seltsamen Zeit erwachsen, als ein junger Politikwissenschaftler der Staatlichen Universität Perm Russlands erstes Zentrum für LGBT-Studien gründen konnte. Eins kam zum anderen: das kurze »Tauwetter« während der Präsidentschaft von Medwedew; Perms Bemühungen, »Kulturhauptstadt Europas« zu werden, und die wissenschaftlichen Interessen von Lyosha und seinen engsten Freunden. Und dann brach alles zusammen. Lyosha erhielt Morddrohungen; seine Freunde fielen einer Bürgerwehr in die Hände, die Jagd auf Schwule machte; seine beste Freundin, eine heterosexuelle Frau, wollte mit alldem nichts mehr zu tun haben. Ein Freund gab Lyosha ein bisschen Geld, gewissermaßen als Startkapital, und Lyosha ging nach New York. Wie viele andere LGBT-Geflüchtete fand er eine Wohnung in der russischsprachigen Enklave Brighton Beach. Die Russen dort waren nur minimal toleranter als die Russen, vor denen er geflohen war. Darauf reagierte Lyosha, indem er die Brighton Beach Pride organisierte, direkt an der Uferpromenade.

35, 36.
Evgeny Shtorn und Alexander Kondakov
Das Projekt für LGBT-Studien war an der Europäischen Universität Sankt Petersburg angesiedelt, einer privaten Hochschule für Graduierte. Über das Projekt lernte ich den jungen Soziologen Alexander Kondakov kennen. Sein Partner Evgeny studierte ebenfalls Soziologie, und sie arbeiteten zusammen. Evgeny war die Schwachstelle: Er war in Kasachstan zur Welt gekommen, und obwohl er seit seinem achtzehnten Lebensjahr in Russland lebte, beschloss der Staat irgendwann, dass sein russischer Pass ungültig sei. Fünf Jahre lang war er staatenlos und beantragte dann die Staatsbürgerschaft, aber sein Antrag wurde abgelehnt. Danach verlangte der Inlandsgeheimdienst FSB von ihm, dass er Informationen über Freunde und Kollegen lieferte. In so einer Situation flieht man normalerweise, aber wie soll man ohne Pass fliehen? Er bekam ein Notfallvisum für Irland. Irland sollte nur ein Zwischenstopp sein, doch dann merkte er, dass er festsaß. Er beantragte Asyl und meldete sich bei einer der für ihren verdeckten Sadismus berüchtigten irischen Erstaufnahmeeinrichtungen für Menschen, die internationalen Schutz brauchen. Alexander, der anders als sein Partner einen Pass hat, arbeitet an der Universität von Helsinki. Im März 2019 schrieb Evgeny einen Blogeintrag, den ich hier mit

seiner Erlaubnis zitiere: »Heute ist es genau ein Jahr her, dass ich um internationalen Schutz gebeten habe. Ich weiß nicht, wie Menschen sich fühlen, wenn ihnen dieser Status gewährt wurde, ich empfinde jedenfalls nur Frustration und Schmerz. Keine Träume, keine Hoffnungen, keine Freude. Es ist genau wie mit den Dementoren bei Harry Potter. Aber auch keine Angst, keine Panik. Wenn wir nichts zu verlieren haben als unsere Ketten, fühlen wir uns endlich frei. In diesem Jahr hat es das System geschafft, mir mein positives Denken restlos zu rauben, aber es ist ihm nicht gelungen, […] mich zu brechen. Es hat mir meinen Mut genommen, es hat mich gedemütigt, aber es konnte mich nicht davon überzeugen, dass ich ein Mensch zweiter Klasse bin. […] Ich wünschte, all die Macker, die denken, es sei unsere Lebensentscheidung, würden nur für einen Tag das erleben, was ich erlebe. Und ich wünschte, niemand sonst würde je erfahren müssen, was es heißt, Asyl zu suchen, statt das eigene Leben zu leben.«

37, 38.
Pavel Stotsko und Yevgeny Voitsekhovsky

Sie reisten nach Dänemark, um zu heiraten. Dann kehrten sie nach Moskau zurück und beantragten beim Standesamt die Abstempelung ihrer Pässe. So machen es Russen: Wenn Menschen heiraten, bekommen sie einen Stempel mit dem Namen ihres Ehepartners oder ihrer Ehepartnerin in den Pass, und wenn die Ehe im Ausland geschlossen wurde, kann das Paar beim Standesamt den Antrag stellen, die Pässe nachträglich zu stempeln. Das Standesamt stempelte ihre Pässe, und die Medien berichteten darüber. Es war, als hätten sie Russland mit einem Trick dazu gebracht, die gleichgeschlechtliche Ehe anzuerkennen, oder zumindest ihre Ehe. Genau das wollten sie: als Ehepaar in Russland leben. Aber am nächsten Tag stand die Staatsgewalt vor ihrer Tür und vor den Wohnungen ihrer Eltern. Sie wurden mehrere Stunden belagert. Sie riefen Anwälte an, und die rieten ihnen, den Polizisten zu geben, was sie wollten: ihre Inlandspässe. Sie taten es. Und dann, innerhalb von vierundzwanzig Stunden, nachdem all das öffentlich geworden war, bekamen sie solche Angst, dass sie flohen. Zufällig waren die Niederlande das Land, in das sie am schnellsten und leichtesten gelangen konnten. Sie wurden in einer Unterkunft für Asylbewerber untergebracht, und das war eine Erleichterung: Hier fühlten sie sich sicher. Nach ein paar Wochen wurden sie »in die Gemeinschaft« entlassen, und ihr neues Leben begann.

39, 40.
Ali Feruz und Pavel Gafarov
Sein richtiger Name war Khudoberdi Nurmatov, und er war 1987 in Usbekistan zur Welt gekommen. Er wuchs jedoch im fernen Osten Russlands auf. Nach der Oberschule ging er nach Usbekistan, und weil er in der Zeit erwachsen wurde, bekam er die usbekische Staatsbürgerschaft. Er studierte in Russland, kehrte wieder nach Usbekistan zurück, und dann versuchte der Geheimdienst, ihn zu rekrutieren – wahrscheinlich

weil er einen Abschluss in Arabisch hatte. Mit seiner Frau und zwei kleinen Kindern floh er 2010 nach Russland. Er träumte davon, Journalist zu werden, aber man sagte ihm – und er wusste es –, dass sein Russisch dafür nicht gut genug sei. Er lernte. 2014 bekam er eine Stelle bei der *Nowaja Gaseta*, einer dreimal wöchentlich erscheinenden Zeitung, die investigativen Journalismus betreibt. Zudem outete er sich als homosexuell. 2017 wurde er festgenommen, man drohte ihm mit der Abschiebung nach Usbekistan. Der Europäische Gerichtshof für Menschenrechte intervenierte, was er selten tut, und stoppte die Abschiebung, weil Alis Leben in Usbekistan bedroht wäre; dort ist Homosexualität ein Straftatbestand. Journalisten aus der ganzen Welt solidarisierten sich mit ihm. Deutschland bot ihm Asyl an. Nach sechs Monaten in einem russischen Abschiebegefängnis konnte Ali mit seinem Partner Pavel, der nachgekommen war, nach Deutschland ausreisen. Er hatte mit Depressionen zu kämpfen, aber irgendwann sah es so aus, als hätte er Fuß gefasst. Er startete sogar ein journalistisches Projekt, das Nachrichten aus den ehemals sowjetischen Ländern verbreiten sollte.

41, 42.
Reyda Linn und Sofya Grozovskaya
Reyda, für Freunde Ray, ist eine Butch-Lesbe, Sofya eine Transgenderfrau. Ray ist ziemlich klein und wurde bei Demonstrationen immer verhaftet. 2016, als sie beschlossen zu heiraten, war Ray einundzwanzig und Sofya fünfundzwanzig. Die Behörden konnten die Ehe-

schließung nicht verhindern – Ray war vor dem Gesetz eine Frau und Sofya ein Mann, obwohl beide sich genau entgegengesetzt zu ihrem juristischen Geschlecht kleideten und verhielten. Ein Zug wunderbar gekleideter Menschen, viele geschmückt mit Regenbögen, begleitete sie zum Standesamt. Dort wollte man sie nicht einlassen. Es gab nur eine Möglichkeit für Ray und Sofya: Sie konnten in einem kleinen Raum im Standesamt hinter verschlossenen Türen heiraten. Schließlich stimmten sie zu. Ray hatte nicht damit gerechnet, dass sie sich zusammen verwundbarer fühlen würden. Die Gefahr, für lange Zeit ins Gefängnis zu kommen, war real – Ray hatte so oft wegen Demonstrationen hinter Gittern gesessen, dass nun härtere Strafen drohten. Ray schrieb: »Ich habe Hochachtung vor der Willensstärke der Ehepartner unserer politischen Gefangenen, aber allein bei dem Gedanken, dass Sofya und ich getrennt werden könnten, wird mir schlecht.« Ray schrieb auch, dass die meisten Aktivisten, mit denen sie befreundet war, unter Depressionen litten. Einer sagte, er denke darüber nach, »fortzugehen in ein Land, das weder die USA ist noch Europa«. Er meinte Selbstmord. Ray schrieb: »Es ist besser, wegzugehen, wenn es noch einen Sinn hat.« Drei Monate nach ihrer Hochzeit verließen sie das Land. Sie leben jetzt in Lyon in Frankreich. Ray schrieb: »Ich bin nicht aus Russland weggelaufen. Russland ist über mich drübergelaufen. […] Ich kann niemandem erklären, dass nicht die Augenblicke am schlimmsten sind, die für Außenstehende so schrecklich anmuten. Das Schlimmste ist, wenn man am Morgen zu einer Vorlesung geht und denkt, dass man es körperlich nicht mehr aushält, so zu leben, und dass es die beste Form des Protests wäre, sich auf dem Roten Platz die Pulsadern aufzuschneiden. Das Schlimmste ist, dass das nicht nur ein Krisenaugenblick ist – es ist der Alltag, und du wirst müde, einfach davon, diesen Gedanken zu denken. Wenn du das durchgemacht hast, bist du halbtot.«

43, 44.
Ali und sein Partner
Ali war fünfunddreißig, als er sich an mich wandte. Trotzdem stutzte er, als ich ihn nach seinem Alter fragte. »Seit ich hierhergekommen bin, habe ich aufgehört zu zählen«, sagte er. Er war jetzt seit vier Jahren da. Ali stammte aus dem Iran, dort hatte er im Gefängnis gesessen und war in die Psychiatrie gesperrt worden, weil er über das Leben von Schwulen gebloggt hatte. Homosexualität ist im Iran ein Kapitalverbrechen. Er lernte einen Mann aus Indien kennen, und 2010 gingen sie gemeinsam dorthin. Indien war sicherer als der Iran, aber dann fingen die Nachbarn an, sich auf unangenehme Weise für ihr Leben zu interessieren. Auf Homosexualität stand in Indien damals lebenslange Haft. 2014 zogen sie weiter in die Türkei. Es dauerte eineinhalb Jahre, bis sie als Flüchtlinge anerkannt wurden, und dann begann das Warten, wohin sie gehen konnten. Nur die USA und Kanada nahmen LGBT-Geflüchtete über das UNHCR-System, die Flüchtlingsorganisation der Vereinten Nationen, auf, und zu der Zeit, als wir

miteinander sprachen, hatten die USA die Zahl der Geflüchteten, die sie ins Land ließen, auf ein Rekordtief
gesenkt. Kanada wiederum konzentrierte sich auf die
Aufnahme syrischer Geflüchteter. Alle anderen hingen
in der Luft und mussten einfach warten. Mehrere hundert LGBT-Geflüchtete saßen ebenfalls in der Türkei
fest und beschlossen irgendwann, sich zu organisieren.
Mit großem Risiko für sie selbst begannen sie einen
stillen Protest. Sie zogen zu einem UNHCR-Büro mit
Plakaten, auf denen zum Beispiel stand: »Schwuler
Flüchtling. 5 Jahre. 60 Monate. 240 Wochen. 1680 Tage.
Immer noch in der Türkei. Zukunft: ungewiss.« Die
Medien nahmen von den Protesten kaum Notiz, und
da wandte sich Ali an mich. Ich schrieb eine Reportage,
und zwei Monate später konnten Ali und sein Partner
nach Vancouver ausreisen. In der Türkei leben dreiein-
halb Millionen Geflüchtete. Hunderte, vielleicht Tau-
sende von ihnen sind schwul. Ich habe nur über zwei
geschrieben.

45.
Anastasia Schimanski
Sie kam im August 1991 im Alter von elf Jahren mit
ihrer Mutter in die USA. Damals machten sie Urlaub,
aber dann brach die Sowjetunion zusammen, und sie
bekamen Angst – und blieben. Anastasias Mutter hei-
ratete, wodurch sie Greencards erhielten. Mit achtzehn
ging Anastasia zur Marine. In der Grundausbildung
verspürte sie ungewöhnliche Schmerzen. Bei ihr wurde die Charcot-Marie-Tooth-Krankheit diagnostiziert,

eine degenerative Erkrankung, die zu Deformationen der Gliedmaßen führt und chronische Schmerzen verursacht. Anastasia konnte die Grundausbildung nicht abschließen. In den nächsten zwanzig Jahren wurde sie achtzehn Mal operiert. Trotzdem litt sie weiter an chronischen Schmerzen, sie brauchte einen Stock zum Gehen und manchmal einen Rollstuhl, um sich fortzubewegen. Bei all den Operationen und Schmerzen erlebte sie rasch das Gleiche wie Hunderttausende Amerikaner: Sie wurde von Opioiden abhängig, und es folgte der übliche Weg von verschreibungspflichtigen Medikamenten zu Heroin. Als wir uns kennenlernten, war sie seit vier Jahren vom Heroin weg und in einer Methadon-Therapie. In den Jahren bevor ihre Sucht behandelt wurde, war sie dreiundzwanzig Mal verhaftet worden, unter anderem wegen etwas, das nach dem Recht des Bundesstaats Connecticut eine schwere Straftat war: Sie hatte einen Scheck über vierzig Dollar gefälscht. 2004 saß sie deswegen neunzig Tage im Gefängnis. Unter Präsident Obama war die ICE, die Polizei- und Zollbehörde des US-Heimatschutzministeriums, besonders bestrebt, Immigranten abzuschieben, die schwere Straftaten begangen hatten. Für Anastasia war das ein Schock, weil sie dachte, sie sei bereits für ihr Verbrechen bestraft worden. 2012 wurde ihr die Aufenthaltserlaubnis entzogen, und sie kam in Auslieferungsgewahrsam. Sie legte Berufung ein; ihre Anwältin argumentierte, als lesbische, behinderte Frau würde eine Rückkehr nach Russland sie einer tödlichen Gefahr aussetzen – zudem hatte sie seit ihrem elften Lebensjahr nicht mehr in Russland gelebt, sie hatte keine sozialen Kontakte dort und beherrschte die Sprache kaum. Ihre Berufung wurde 2015 und 2016 zurückgewiesen. Als ich sie kennenlernte, war sie kurz davor, sich ein letztes Mal an das Einwanderungsgericht zu wenden: Sollte ihre Berufung wieder zurückgewiesen werden, hätte sie ihre Optionen erschöpft. Fünf Minuten vor der Anhörung ging Anastasia auf die Toilette des Gerichtsgebäudes in Hartford im Bundesstaat Connecticut und wurde dort von der Einwanderungspolizei festgenommen. Vielleicht war das der Grund dafür, dass der Richter ihrer Berufung an diesem Tag schließlich stattgab: Er war empört, dass die ICE die Antragstellerin gehindert hatte, vor Gericht zu erscheinen. Anastasias Familie glaubte fest, dass meine Anwesenheit als Journalistin den Ausschlag gegeben hatte. Die Richter, die im Gericht von Hartford in Einwanderungssachen verhandeln, hören jeden Tag Dutzende von Fällen und verfügen meistens die Abschiebung. Ich war nur bei einer Verhandlung anwesend.

46.
Ich
Am Anfang hatte mich Anastasias Anwältin gebeten, nicht zu kommen, um journalistisch zu berichten, sondern um eine Aussage zu machen. Aber dann stellte sich heraus, dass ich, um vor einem Einwanderungsgericht auszusagen, meine Ausländerregistrierungsnummer hätte vorlegen müssen und ein Dokument, auf dem sie stand. Ich war dreißig Jahre zuvor eingebürgert

worden, doch wenn es darum geht, vor dem Einwanderungsgericht gehört zu werden, bedeutet Einbürgerung trotz der Bezeichnung nicht, dass man den im Land geborenen Bürgern gleichgestellt ist: Mein Pass reichte nicht aus. Einmal Fremde, immer Fremde.

47.
Adrian Bernal Rodriguez

2003, im Alter von fünfundzwanzig, kam Adrian über die Grenze von Mexiko in die USA. Die nächsten fünfzehn Jahre arbeitete er als Koch in einem mexikanischen Restaurant in San Diego. 2013 bekam er einen Strafzettel wegen Falschparkens. Er wusste nicht, wie er ihn bezahlen sollte, und ganz bestimmt wusste er nicht, dass er verhaftet werden konnte, wenn er ihn nicht bezahlte. Er wurde festgenommen, aber nicht abgeschoben, weil er bei einem schweren Verbrechen das Opfer war. Nach dem Prozess in diesem Fall beantragte Adrian auf der Grundlage einer Regelung, die Verbrechensopfern ein Bleiberecht gewährt, im Land bleiben zu dürfen. 2018 war über seinen Antrag noch nicht entschieden, als die Einwanderungspolizei ihn aufgriff. Nach zwei Monaten in Abschiebehaft entschloss sich Adrian, seinen Antrag zurückzuziehen und »freiwillig auszureisen«. In Tijuana verbrachte er eineinhalb Monate mit Planungen, wie er zurück in die Vereinigten Staaten gelangen könnte. Jemand, den er kannte, kletterte erfolgreich über den Grenzzaun. Am nächsten Tag versuchte es Adrian an derselben Stelle, aber er fiel herunter und brach sich beide Sprunggelenke. Ich traf ihn ein paar Wochen später. Er musste spezielle Schuhe tragen, die seine Füße fixierten. Er wohnte in einer Unterkunft am Strand – das letzte Haus auf der mexikanischen Seite der Grenze – zusammen mit Geflüchteten aus anderen Teilen Mexikos und Menschen, die wie er in den USA gelebt hatten und einen sicheren Weg suchten, dorthin zurückzukehren. Adrian grillte und verkaufte Shrimps am Strand. Er sagte, er habe viel Glück gehabt, dass er die Geräte bekommen habe und eine Konzession für den Strand.

48, 49.
Claudio und Mariana
Eine weitere Flüchtlingsunterkunft in Tijuana war eine riesige Halle mit einem Dach und Wänden aus Wellblech und einem Betonboden. Auf dem Boden standen Zelte in Blau, Rosa und Gelb – ein Zelt pro Familie. Vor der Halle saßen Kinder und ein paar Mütter auf Plastikstühlen im Halbkreis und schauten sich Zeichentrickfilme an. Claudio und Mariana kamen aus Veracruz. Zehn Jahre zuvor hatte eine Gang Marianas Bruder entführt. Die Familie brachte das Lösegeld auf, und der Bruder kehrte zurück, von Schlägen schwer gezeichnet. In diesem Jahr hatten die Drohungen wieder zugenommen. Überall lauerten Entführer. Lösegeld zu zahlen schien nichts mehr zu nützen. Marianas Bruder und Neffe flohen in die USA. Zwei Monate später folgten Claudio und Mariana mit ihrem vierzehnjährigen Sohn. Mit dem Bus legten sie die über dreitausend Kilometer zurück. Die letzten beiden Wochen hatten sie in

Tijuana auf eine Gelegenheit gewartet, an der Grenze um Asyl zu bitten.

50.
Carmen

Carmen war Landarbeiterin und hatte fünf Jahre zuvor ihren Ehemann verloren. In Michoacán wurden immer mehr Menschen entführt oder ermordet, und Carmen fand, sie könne nicht mehr arbeiten und sich zugleich um ihre Kinder im Alter von vierzehn, zehn und sieben kümmern: Sie musste sie zur Schule bringen und abholen und auch zu Hause ein Auge auf sie haben. Die Reise nach Tijuana hatte zwei Tage und zwei Nächte gedauert. Für die erste Nacht mietete sie ein Hotelzimmer, aber es kostete vierhundert Pesos – ungefähr zwanzig Dollar –, und Carmen konnte nicht schlafen aus Angst, dass ihr das Geld ausgehen würde. Dann fand sie glücklicherweise die Unterkunft mit den Zelten auf dem Betonboden.

51.
Odelia

Auch sie war zwei Tage und zwei Nächte mit dem Bus unterwegs gewesen, von Guerrero aus. Ihr Ehemann sei zwei Monate zuvor durch die Wüste über die Grenze nach Arizona gelangt, sagte sie. Nun wollten sie und die Kinder zu ihm. Die Gewalt in ihrer Provinz sei unerträglich geworden.

52.

Leyla

Sie und eine Freundin nahmen ebenfalls den Weg durch die Wüste. Die beiden waren Transgenderfrauen aus Tschetschenien. Leyla hatte Tschetschenien als Erste verlassen und war nach Russland gegangen. In Tschetschenien gab es für sie keine Möglichkeit, als Frau zu leben. Zweimal hatte sie nach Tschetschenien zurückkehren müssen, um ihre Ausweispapiere zu bekommen. Jedes Mal musste sie sich für die Reise zurückverwandeln. Sie ließ ihre Brustimplantate entfernen, setzte die Hormone ab, ließ sich die Haare kurz schneiden und wartete ab, bis sie wieder wie ein Mann aussah. Und dann machte sie alles wieder umgekehrt. Leyla und ihre Freundin flohen aus Russland nach Mexiko, dort bezahlten sie einen »Kojoten«, einen Schlepper, der sie über die Grenze bringen sollte. Sie wollten gefasst werden, damit sie um Asyl bitten könnten. Als wir miteinander sprachen, lebte Leyla schon über ein Jahr in Haft. Sie beklagte sich nicht: Für sie war das eine Verbesserung.

53.

Wjatscheslaw Poljakow

Er war ein dreiundzwanzigjähriger Russe, der in einer Haftanstalt im Bundesstaat Washington lebte. Ein Aktivist hatte einen Brief von ihm herausgeschmuggelt. Wjatscheslaw hatte sich am Grenzübergang San Ysidro gestellt und war in Haft gekommen. Das Essen in der Anstalt verschlimmerte seine Magenprobleme.

Er schämte sich dafür und versuchte, den Gang zur Toilette zu vermeiden, zumindest wenn andere Männer da waren, und das machte seine Probleme noch schlimmer. Früher hatte er einmal schwere Verbrennungen erlitten, danach war viel von seiner Haut transplantiert worden. Er brauchte medizinische Versorgung, die er nicht bekam. Er trat in den Hungerstreik, damit sich ein Arzt um ihn kümmerte. Der Aktivist, der seinen Brief weitergegeben hatte, war überrascht, wie lange der Hungerstreik dauerte – mehrere Wochen, während ein Hungerstreik in einer dieser Haftanstalten üblicherweise nur über einen Tag oder zwei ging.

54.
Mergensana Amar
Er war vierzig, stammte ebenfalls aus Russland, war auch nach San Ysidro gekommen und ebenfalls im Northwest Detention Center gelandet. Er hatte kein Geld, um einen Anwalt zu bezahlen. Im November 2018 beging er in Abschiebehaft Selbstmord, fast ein Jahr nachdem er die US-Grenze überwunden hatte.

55.
Svetlana Boym
Sie war meine beste Freundin und mein verpasster Kontakt: Als wir uns 1998 kennenlernten, rechneten wir aus, dass wir Anfang der achtziger Jahre in denselben Straßen in Boston unterwegs gewesen waren und dasselbe Café besucht hatte, dass wir im selben Monat aus der Sowjetunion nach Boston gekommen waren und

dass wir 1981 zur selben Zeit in einem Flüchtlingsheim in Wien gewesen waren. Mehrere Jahre lang war sie von dem Heim besessen, das sie »das Lager« nannte. Sie forschte darüber, drehte einen Film, schrieb davon und plante sogar ein »Treffen der Lagerinsassen«. Zu ihren Beobachtungen gehörte, dass niemand sich an die Haftanstalt erinnerte. Sie sprach mit vielen Menschen, die dort gewesen waren, bat sie, die Anstalt zu beschreiben und einen Plan auf eine Serviette zu zeichnen. Niemand erinnerte sich – vielleicht weil die Geschichte des Lagers keine Geschichte war, die irgendjemand von uns über unsere Emigration erzählen wollte.

56.
Jolka Gessen
Meine Tochter. Ihre Emigration fand statt, als sie zwölf war. Einige Monate zuvor, am ersten schönen Frühlingstag, schleppte ich sie mit in den Central Park zum Fahrradfahren. Ich geriet ins Schwärmen: »Sieh nur, wie schön das ist! Hier leben wir jetzt.« Sie schaute sich ein Gebäude an der Central Park West an und meinte: »Ja, das Haus erinnert mich an Moskau. Weißt du, das ist das Problem: Ich habe eine Vergangenheit, und ich habe eine Zukunft. Aber ich habe keine Gegenwart.«

57.
Jolka Gessen
Meine Mutter. Sie starb neun Jahre bevor ich ihre Namensschwester zur Welt brachte, aber sie hätten über

Emigration miteinander sprechen können, neben anderen Dingen. Hier etwas, das meine Mutter geschrieben hat: »In Rom, mitten auf einem Markt, drehte unser sechsjähriger Sohn durch. Als würde eine unsichtbare Kraft ihn von einem Verkaufsstand zum anderen katapultieren, schrie er: ›Kauf das! Und das! Und das! Und das!‹ Damals konnten wir es nicht wissen, aber dieser wilde Tanz eines kleinen Wesens in einem karierten Mantel war nicht nur der Schock eines Kindes, das auf einmal vor einer Welt des Überflusses stand – es war die exemplarische Erfahrung jedes neu angekommenen Immigranten. Wir wussten noch nicht, dass auch wir die überwältigende Kraft neuer Töne und unverständlicher Anblicke und einer Berührung, die wir nicht spüren können, erleben würden – die ganze Welt der Gegenstände und Empfindungen eines fremden Lebens, das wir zu unserem Leben machen mussten. Die Nabelschnur wurde durchtrennt, und es gibt nichts, woran die Seele sich halten kann. Dieses Gefühl kennen alle Menschen im Exil.«

3. April 2019

2.

Gestern habe ich mehr als fünfzig sehr kurze Geschichten von Migration erzählt. Ich habe versucht, nur die Geschichten vorzutragen, jede für sich, ohne Zuhilfenahme von entlastenden Verallgemeinerungen. Ich habe Karteikarten verwendet und ging von der einen zur nächsten in der Weise, wie wir meistens Geschichten erzählen: Eine Assoziation führt zur nächsten Geschichte, und so machen wir immer weiter; die Geschichten verbinden sich, bis ein bestimmter Strang an sein Ende kommt, und dann greifen wir einen losen Faden auf, der übrig geblieben ist.

Die letzte Karte in meinem Stapel habe ich gestern weggelassen. Ich traute mich nicht mehr, sie vorzulesen, und schloss mit einem Zitat meiner Mutter. Die Zuhörer waren schon erschöpft, deshalb meinte ich, ein offenes Ende wäre keine gute Lösung. Heute beginne ich mit dieser Karte.

Sie trägt die Nummer achtundfünfzig. Der Name ist Issa Amro. Ich habe ihn in Hebron kennengelernt. Er ist Aktivist und hat eine Organisation namens Youth Against Settlements gegründet. Er führt Gruppen durch das besetzte Hebron, und im Rahmen der Tour versucht er, an eine Straßenecke zu kommen, von der er das Haus sehen kann, in dem er geboren wurde. Und ihm wurde nicht erlaubt, an diese Straßenecke zu gehen, jedenfalls nicht, als wir vor zwei Monaten diese

Tour unternahmen. Ich finde diese Geschichte in mindestens zwei Hinsichten außerordentlich. Die eine hat mit Zeit zu tun, die andere mit Raum. Es ist eine Geschichte von Vertreibung, aber die Vertreibung bemisst sich hier in Metern – Issa Amro lebt wenige hundert Meter von dem Ort entfernt, an dem er geboren wurde. Damit unterscheidet sich diese Geschichte sehr von den meisten anderen über Vertreibungen, die wir sonst hören. Andererseits bemisst sich die Zeit seiner Vertreibung in Lebensspannen, und auch das ist sehr ungewöhnlich. Der überwiegende Teil der Geschichten von Vertreibungen ist zeitlich betrachtet ziemlich kurz, die Entfernungen sind hingegen sehr lang. Aber natürlich habe ich gestern nicht über Kategorien gesprochen, nicht über allgemeine Dinge wie Zeit und Ort und Raum. Ich habe nur die individuellen Geschichten von Menschen erzählt.

Die Anregung zu dem Experiment, das ich hier unternehme, war die Berichterstattung in der *New York Times* über die Terrorangriffe vom 11. September 2001. Damals brachte die Zeitung über mehrere Monate hinweg fast dreitausend Kurzbiografien. Ich habe viel darüber nachgedacht, warum mich diese Geschichten nicht losließen. Sie faszinierten, obwohl sie eher langweilig waren. Sie nahmen in ihrer Banalität gefangen, mit ihren belanglosen Details; ihre Gewöhnlichkeit machte sie so fesselnd. Man könnte sagen, dass die Leser sich mit den Geschichten identifizieren konnten. Man könnte sagen, dass die Leser das Gefüge ihrer Stadt in diesen Geschichten wiedererkennen konnten, dass sie die

Menschen sahen, die mit der U-Bahn fahren oder direkt nebenan wohnen – und dadurch den Riss erkannten, den die Terrorangriffe verursacht hatten. Vielleicht noch konkreter könnte man sagen, dass die Autoren dieser Kurzbiografien das, über was sie schrieben, sehr gut kannten: Sie hielten Geschichten fest, die ihnen und ihren Lesern bereits bekannt waren. Sie konzentrierten sich auf die vertrauten Einzelheiten. Gerade die Banalität war das Entscheidende.

Und dann waren da noch jene Geschichten, die in der *New York Times* nicht erzählt wurden. Die Leben von mehr als hundert Kellnern, Köchen, Lieferanten und Reinigungskräften, die keine Aufenthaltsgenehmigung für die Vereinigten Staaten hatten, als sie in den Twin Towers getötet wurden. Häufig sagen wir über Menschen wie diese, dass sie »keine Papiere« haben, aber das ist natürlich nicht richtig: Die meisten dieser Immigranten verfügen über viele Ausweispapiere, nur eben nicht über die Art, die in den USA als Dokument anerkannt wird, das ihnen das Recht gibt, dort zu leben. Es stimmt auch nicht, dass diese Menschen keine Zeugnisse hinterlassen haben, anhand derer die Journalisten der *New York Times* ihre Lebenswege hätten rekonstruieren können. Die Reporter sind diesen Spuren damals nur nicht gefolgt. Wenn es darum geht, Geschichten über Tote zu erzählen, die die Leser emotional ansprechen, Geschichten über gute Leben, die zu früh endeten, dann werden die Leben dieser Menschen nicht anerkannt – ihr Tod ist nicht »beklagenswert«, wie Judith Butler es ausdrückt.

Exil-Geschichten sind in gewisser Weise das Gegenteil der auffallend gewöhnlichen Geschichten, die ausgewählt wurden, um die Verluste vom 11. September zu repräsentieren. Sie erschlagen mit ihrer Dramatik. Sie sind zu viel. Sie sind fremdartig und entfremden, wenn sie erzählt werden. Selbst wenn sie sich schmerzhaft gleichen, sind sie im Grunde unvorstellbar. Hier ist der Unterschied das Entscheidende. Als jemand, der diese Geschichten aufschreibt und erzählt, weiß ich das. Ich weiß es auch, weil ich selbst emigriert bin. Meine Mutter schrieb über das, womit eine Immigrantin konfrontiert wird: nicht zu entziffernde Töne, unverständliche Anblicke, Berührungen, die sie nicht spüren konnte. Ich sollte darauf hinweisen, dass anders als meine Familie, die aus einem Land hinter dem Eisernen Vorhang floh, viele vertriebene Menschen heute gereist sind und Orte gesehen haben, die denen gleichen, in die sie als Migranten gekommen sind. Dennoch meine ich, dass die Herausforderung, an einem Ort nicht als Besucher zu sein, sondern zu leben, wo man keinerlei Erfahrung mit dem Alltag hat, sich an einem Ort niederzulassen, mit dem einen keine Erinnerung an Vergangenes verbindet und keine Vorstellung für die Zukunft, die Herausforderung, einen Platz in einer Welt zu finden, die keinen Platz für einen hat, so entfremdend ist, dass die Beschreibung meiner Mutter zutrifft. Unsere Sinne und unsere Fähigkeiten, Sinn zu finden, lassen uns im Stich. Genau wie die Migrantin auf einmal in einer Welt steht, die sie nicht begreifen kann, hat die Person, die ihre Geschichte hört, keine Möglichkeit, sie zu verstehen. Die Geschichte der Migrantin ist zumindest beim ersten Durchlauf nicht zu entziffern, unverständlich, gefühlsmäßig nicht nachzuvollziehen.

Ein weiterer Unterschied ist, dass die Geschichten von heimatlos gewordenen Menschen Geschichten von einem Bruch sind. Die Geschichten, die über den 11. September erzählt wurden, handelten davon, was vor dem Bruch gewesen war. Es waren Geschichten von fortlaufendem Leben, von kontinuierlichem Leben: Jemand joggte jeden Tag, eine andere Person war immer freundlich, eine dritte plante ihre Hochzeit. Die Geschichten, die ich gestern erzählt habe, sind das, was Vladimir Nabokov die »Synkope« der Immigration genannt hat. In der Neurologie bezeichnet man damit eine kurze Bewusstlosigkeit und in der Musik eine plötzliche Veränderung des Rhythmus. In der Linguistik versteht man darunter den Ausfall eines Tons im Inneren eines Wortes, etwa einen Vokal, der in der geschriebenen Form existiert, aber, weil er unbetont ist, in der gesprochenen Form nicht zu hören ist. Es ist wie die fehlende »Gegenwart« zwischen Vergangenheit und Zukunft, die meine Tochter erwähnte. Wie das Lager, an das sich niemand erinnerte und das Svetlana Boym so faszinierte, die diesen Ausspruch von Nabokov ebenfalls liebte. Die Geschichten, die ich gestern erzählt habe, handelten von Verlusten, während die Geschichten vom 11. September von dem handelten, was *vor* dem Verlust gewesen war, in ihnen wurde der Verlust nur antizipiert. In seinen *Reflections on Exile* schrieb Edward W. Said: »Es ist der unheilbare Riss, durch den ein Mensch von seinem Geburtsort getrennt wird, das Selbst von seinem wahren Zuhause: Es ist eine elementare Traurigkeit, die niemals überwunden werden kann.«[2] Für ihn dienten die triumphalen Geschichten von Migranten nur dazu, den »lähmenden Kummer der Entfremdung« zu verbergen.[3] Er bezeichnete das Exil als »einen Zustand des endgültigen Verlusts«.[4] In diesem Sinn ist das Exil wie der Tod. Das Verlorene ist unwiederbringlich (dennoch ist es ein Tod, nach dem das Leben weitergeht). Und was ich gestern erzählt habe, waren Geschichten vom Tod und nicht Geschichten über das, was mit dem Tod verloren ging.

Nach meiner Erfahrung gehören zum Verlassen eines Ortes einige Trauerrituale, die mit dem Tod verbunden sind. Die Situation – zumindest wenn man nicht ganz plötzlich aufbricht, wenn das Exil also einigermaßen geplant ist – ist ungefähr so, als wäre man bei seiner eigenen Totenwache zugegen. Es kann einige Feierlichkeit damit verbunden sein. Als ich Kind war, gab es das Ritual, dass, wenn jemand die Sowjetunion verließ, am Abend bevor die Familie aufbrach, ihr Haus für alle offen stand. Die Ähnlichkeiten zum Abschied von einem Toten waren verblüffend, gerade we-

2 Edward W. Said, »Reflections on Exile«, in: ders., *Reflections on Exile and Other Essays*, Cambridge/Mass.: Harvard University Press 2000, S. 173-186, hier S. 186.

3 Ebd.

4 Ebd.

gen der »Offenheit«: Jeder, dessen Leben die Menschen berührt hatten, die nun gingen, konnte kommen und seinen Respekt bekunden. In einer totalitären Gesellschaft, in der die Menschen permanent darum kämpften, sich einen privaten Freiraum zu schaffen, war das der Moment, in dem die Privatheit endete – wie im Tod. Weil es riskant war, Kontakt zu jemandem zu haben, der im Begriff stand, das Mutterland zu verraten, war es außerdem ein Statement, eine solche Abschiedsparty zu besuchen, das weniger denen galt, die gingen, sondern vor allem denen, die zurückblieben. Auch in dieser Hinsicht glich es einem Begräbnis oder Gedenkgottesdienst. Die lieben Fortgegangenen machten jedoch weiter und versuchten, ihr neues Leben zu leben.

Jemand hat mich gefragt: Wie können wir über Migranten sprechen, ohne sie darauf zu reduzieren, dass sie Migranten sind? Ich frage mich, wie das wohl wäre – was hieße es dann, *Migrant zu sein*? Müssten wir es als einen vorübergehenden Zustand betrachten, der ein Ende hat? Wäre es in dem Fall nichts Endgültiges, weniger wie der Tod und mehr wie eine Krankheit? Wäre eine Geschichte von Migration dann die Geschichte einer Krankheit, die man hatte und von der man sich wieder erholte? Aber Said diagnostiziert diese Haltung als das falsche Narrativ des Triumphs: Die elementare Traurigkeit kann niemals überwunden werden.

Ich glaube, dem stimme ich zu. Der Verlust der Heimat ist eine unheilbare Krankheit, eine chronische Krankheit. Mir fielen Diskussionen in der schwulen

Community in den achtziger Jahren ein, wie man Menschen nennen sollte, die Aids hatten. Es gab großen Widerstand gegen die Bezeichnung »Aids-Patienten«, weil sie die Menschen durch die Krankheit definierte. Dann tauchte die seltsame Formel »Person mit Aids« auf. Sie scheint jemanden zu beschreiben, der dieses Etwas mit sich herumträgt, der es nicht ablegen oder vergessen kann, der aber dieses Etwas *nicht ist.* Wir könnten von einer »Person mit Exil« sprechen. Nicht von einer »Person *im* Exil« – manche von uns fühlen sich in einem permanenten Zustand der Heimatlosigkeit, andere hingegen haben das starke Empfinden, dass sie *einen neuen Platz gefunden* haben (und wieder andere, das kann ich aus persönlicher Erfahrung sagen, fühlen beides gleichzeitig). Aber »eine Person mit Exil« kann eine Person sein, die einen großen Verlust erlitten und trotzdem viele Möglichkeiten gewonnen hat. Wenn man sein Zuhause verlassen und woanders eine Heimat gefunden hat, lebt man an vielen Orten gleichzeitig.

Ein anderer Unterschied zwischen den Geschichten vom 11. September und den Geschichten von Migration ist, dass die großartigen Kurzbiografien in der *New York Times* zeigten, dass so etwas jedem passieren kann. Die entfremdenden Geschichten über Entfremdung durch Migration beinhalten jedoch die Unmöglichkeit, dass anderen so etwas widerfährt, dem Publikum. Die heimatlose Person ist bereits ihrem Selbst entfremdet: Sie ist nicht wie du, und du bist nicht wie sie, vor allem weil *sie* nicht sie ist. Wenn man die Geschichte liest oder hört, denkt man: »Das wird mir nicht passieren.« Die Großartigkeit der Geschichten vom 11. September hatte zum Teil damit zu tun, dass sie die Sinnlosigkeit des Terrors vermittelten. Wir sind sinnproduzierende Maschinen, und nach einem Terrorakt wollen wir immer wissen, warum er stattgefunden hat. Unter den Bedingungen von Staatsterror, etwas, worüber ich viel geschrieben und noch mehr nachgedacht habe, ist das größte Problem für den, der darüber schreibt: Wie vermittelt man, dass der Terror sinnlos war, dass er keine Bedeutung hatte, wenn das Erzählen einer Geschichte ihm gewissermaßen eine Bedeutung verleiht? Es ist eine Form der Ungerechtigkeit gegenüber den Terroropfern, wenn ihr sinnloser Tod und ihr sinnloses Leiden einen Sinn bekommen. Diese einzelnen Geschichten in der *New York Times*, diese Geschichten über nichts und alle, erzeugten das Gefühl absoluter Sinnlosigkeit. Aber wenn wir Geschichten von Migration erzählen, sprechen wir immer von Kausalität. Hinter jeder Vertreibung steht ein spezielles Unrecht, ein bekanntes Unglück, ein identifizierbares Versagen. In der großen Mehrheit der Fälle ist die Vertreibung anders als Terror klar vermeidbar. Deshalb sprechen wir mit sehr gutem Grund nie von der Sinnlosigkeit von Migration. Es ist richtig, nach Mustern und Verbindungen bei diesen Geschichten zu suchen.

Bei der Zusammenstellung der Geschichten, die ich präsentiert habe, war ich schockiert, als ich die Formulierung »Trennung von Familien« in meinen Notizen für einen Artikel fand, den ich vor zwanzig Jahren ge-

schrieben hatte. Damals berichtete ich über Geflüchtete aus dem Kosovo und begleitete einige von ihnen. Ich
saß in einem Bus, dessen Türen sich schlossen, als er
zum Bersten voll war, und Familien wurden getrennt:
Einige Mitglieder waren im Bus, andere standen draußen. Ich schrieb: »Es gibt so viele Gelegenheiten, Familien zu trennen, wie es Etappen auf der Reise eines
Flüchtlings gibt.« Kurz dachte ich vor wenigen Tagen,
als ich die Geschichten zusammentrug: »Das ist eine
bemerkenswerte Erkenntnis! Wie konnte ich wissen,
dass zwanzig Jahre später die ›Trennung von Familien‹
der Ausdruck sein sollte, der uns sofort einfällt, wenn
wir an Migration denken?« Aber natürlich war diese
Verbindung schon viel früher entstanden. Und natürlich gehört zur grotesken und grausamen Wirkung der
Trump-Regierung ihr Talent, Trumps Talent, Worte zu
finden, die sich so natürlich aneinanderfügen. Ich denke, das ist der Grund, warum sie so erfolgreich darin
ist, den Diskurs über Immigration auf eine bestimmte
Art zu framen, und warum es so schwierig ist, diesem
Framing zu widerstehen.

Homi K. Bhabha hat darauf aufmerksam gemacht,
dass ich in meinen Schriften das Wort »Karawane« kri-
tisiere. Für viele Menschen beschwört der Ausdruck
Bilder von friedlichen, zielgerichteten Reisen, festen
Gruppen, Kameradschaft herauf – im Frieden hat dieses Wort keine negativen Konnotationen. Doch wenn
es aus dem Mund des amerikanischen Präsidenten
kommt, macht es aus vielen unterschiedlichen Menschen ein Ding, ein exotisches Ding, ein einziges gi-

gantisches Anderes. Das ist zumindest teilweise eine Wirkung des Kontextes, den Trump geschaffen hat, indem er eine einseitig aufgeladene Sprache verwendet, wenn er sagt, Migranten würden die Grenze »stürmen«, wenn er sie als Kriminelle und Vergewaltiger hinstellt und die amerikanischen Staatsbürger als Opfer von Verbrechen, die Migranten begehen. Diese sich aufdrängenden Worte haben großen Anteil daran, dass Trump den Demokraten eine Debatte über die Wirksamkeit von Grenzschutzmaßnahmen aufzwingen konnte – die Wirksamkeit der Mauer. Ich fand es bestürzend, dass führende Demokraten im Kongress auf Trumps Forderungen nach Geld für den Bau einer Mauer damit reagierten, dass sie diskutierten, ob die Mauer der effektivste Weg sei, die Immigranten aus dem Land fernzuhalten.

Ich hatte kürzlich Gelegenheit, ein eintägiges Experiment mit einem Beteiligungsforum in Houston im Bundesstaat Texas zu beobachten. Das Thema war Immigration. Einerseits muss man sagen, dass die Leute, eine repräsentative Stichprobe registrierter Wähler aus dem Großraum Houston, sich vor allem dadurch unterschieden, wie sehr sie Immigranten fürchteten und ablehnten. Das galt unabhängig von der Hautfarbe und der ethnischen Herkunft der Person, die sich jeweils zu Wort meldete. Andererseits hatten die Teilnehmer auch eine starke Präferenz für Maßnahmen, die in Texas lebende Migranten aus ihrem Schattendasein herausholen und rechtlich gleichstellen würden. Zwei Dinge erstaunten mich jedoch. Das Thema

Mauer tauchte in den Diskussionen nicht spontan auf. Wenn die Experten die Mauer erwähnten, ernteten sie Gelächter. Und das Zweite, was mich noch mehr beeindruckte, war, dass in sehr gegensätzlichen Gruppen, die über ein polarisierendes Thema sprachen, anscheinend nur humanistische Beiträge die Diskussion voranbrachten. Fragen nach den Kosten, nach Sicherheit und Arbeitsplätzen führten in eine Sackgasse, weil über Fakten gestritten wurde. Aber sobald ein Teilnehmer von Werten wie Mitgefühl sprach, von Menschen und nicht von Horden, konnten Positionen sinnvoll diskutiert und manchmal sogar verändert werden. Ich will nicht sagen, dass mich das überraschte – ich bin nicht die Einzige, die weiß, dass es wesentlich für das Verstehen ist, den anderen als Menschen zu sehen. Vielmehr war ich davon beeindruckt, dass so etwas spontan in Gruppen von Nicht-Migranten passierte, die über Immigranten diskutierten, in Texas, und dass *nur so* die Diskussion vorankam. Die Episode zeigt auch, wie lähmend Trumps Präsidentschaft wirkt. Bei seinem zentralen Thema ist es Trump gelungen, dem politischen Establishment einen Streit über etwas – die Mauer – aufzuzwingen, das die Wähler nicht interessiert, und das zu Bedingungen, die unter Garantie in eine Sackgasse führen.

Trump sorgt von vornherein dafür, dass die Debatte nicht anders laufen kann. Seine Behauptung, die Demokraten seien für offene Grenzen, ist als Diffamierung gemeint. So sorgt er dafür, dass das Thema im politischen Diskurs keine Rolle mehr spielt. Wenn die

Gegner von Trumps Immigrationspolitik nicht in die Falle gehen und nicht darüber diskutieren, wie man die Grenze am besten sichern kann – und stattdessen darüber sprechen, warum, mit welchem Recht, mit welchen moralischen und juristischen Gründen sie gesichert werden soll –, haben sie auf zwei unterschiedliche Weisen zurückgeschlagen. Beide Male geht es darum, was jemand *verdient* hat. Es gibt das Narrativ von den guten Immigranten, den Immigranten, die etwas zur amerikanischen Gesellschaft beitragen, die gut für die Wirtschaft sind. Dieses Narrativ ist sehr schwer zu erschüttern. Gestern habe ich eine Geschichte – die ich im *New Yorker* ausführlich geschildert habe – von einer Frau namens Anastasia Schimanski verwendet, die als Kind aus Russland in die Vereinigten Staaten kam, die eine chronische Krankheit hatte, von Opioiden abhängig wurde, dreiundzwanzig Mal verurteilt wurde und gegen die ein Abschiebeverfahren lief, als ich sie traf. Sie war eine behinderte, lesbische Frau und sollte nach Russland zurückgeschickt werden, in ein Land, in dem sie seit ihrer Kindheit nicht mehr gewesen war und dessen Sprache sie kaum spricht. Ihre Anwältin argumentierte ganz richtig, dass sie sowohl als Lesbe als auch als Mensch mit Behinderung in Russland in Lebensgefahr wäre.

Diese Geschichte war unglaublich schwer zu schreiben. Als ich ihre Sucht und ihr Vorstrafenregister schilderte, wollte ich in einem fort, wenn auch nicht direkt mit diesen Worten, sagen: »Aber es war nicht so schlimm. Es war nicht so schlimm!« Auf der anderen Seite hatte sie dreiundzwanzig Vorstrafen. Und auf wieder einer anderen Seite war ihre schwere Straftat, dass sie einen Scheck über vierzig Dollar gefälscht hatte. Aber wie schreibe ich diese Geschichte, ohne den Anspruch zu erheben, diese Frau trage etwas zur Gesellschaft bei oder habe es in irgendeiner Weise verdient, aufgenommen zu werden? Wie schreibe ich eine Geschichte, die nur geltend macht, dass sie ein menschliches Wesen ist? Jedes Detail, das ich der Geschichte hinzufügte, schien mit der Frage des Verdienstes zusammenzuhängen: Verdient sie es, in diesem Land zu leben, verdient sie Anteilnahme, verdient sie Mitgefühl? Ich denke, dass jemand, der verfolgt, was ich vortrage oder schreibe, vermutlich nicht sagen wird, dass es jemand verdient, in ein Land abgeschoben zu werden, wo er dafür getötet werden könnte, dass er so ist, wie er ist. Und doch weiß ich nicht, wie ich diese Geschichte erzählen kann, ohne zu argumentieren, dass ebendiese Frau, die nie etwas besonders Schlimmes getan hat, die ihre neunzig Tage für den gefälschten Scheck über vierzig Dollar abgesessen hat, eine so harte Strafe nicht verdient. Das impliziert natürlich, dass irgendein Mensch diese Art der Bestrafung womöglich verdient hat. Hier sehe ich ein plausibles Argument dagegen, die Geschichten von Migration zu erzählen.

Es gibt Verdienste, weil jemand einen Beitrag zur Gesellschaft leistet, und es gibt das verdiente Mitleid, eine andere Art und Weise, über Migration zu sprechen. Das führt zu einem weiteren sehr wichtigen Narrativ, dem Narrativ, keine Wahl zu haben. Wir unterscheiden zwischen Menschen, die die Wahl getroffen haben, ihr Land zu verlassen, weil sie wirtschaftliche Chancen suchen oder aus einem anderen Grund, und Menschen, die keine Wahl hatten. Letztere nennen wir Flüchtlinge, Erstere verdächtigen wir, Wirtschaftsmigranten zu sein, Opportunisten, die unser Mitgefühl und unsere Gastfreundschaft nicht verdienen. Wir kaschieren diese Logik nur leicht, wenn wir anerkennen: »Niemand verlässt freiwillig seine Heimat und alles, was er kennt.« Wir sagen: »Niemand nimmt diesen Schmerz und diesen Verlust auf sich.« Wir sind sehr misstrauisch gegenüber Migranten, die Handlungsmacht haben.

Die Emigrantin neigt zur gegenteiligen Haltung. In »Wir Flüchtlinge« schreibt Hannah Arendt über die stolze Vorspiegelung, eine Wahl zu haben: »Wir haben unser Zuhause und damit die Vertrautheit des Alltags verloren. Wir haben unseren Beruf verloren und damit das Vertrauen eingebüßt, in dieser Welt irgendwie von Nutzen zu sein. Wir haben unsere Sprache verloren und mit ihr die Natürlichkeit unserer Reaktionen, die Einfachheit unserer Gebärden und den ungezwungenen Ausdruck unserer Gefühle.«[5] Und dennoch, schreibt sie, geben die Geflüchteten vor, dass sie schon immer in Frankreich oder in Amerika leben wollten, dass das ihre wahre Heimat ist. Sie fragt nicht: »Was wäre, wenn es stimmen würde?« Was wäre, wenn es wirklich eine Entscheidung wäre? Was wäre, wenn diese stolze

5 Hannah Arendt, *Wir Flüchtlinge*, Stuttgart: Reclam 2016 [1943], S. 10.

Vorspiegelung eine Tatsache wäre? Die Frage ist unmöglich zu beantworten, aber es ist eine wichtige Frage, die wir im Hinterkopf behalten müssen, wenn wir über Migration sprechen. Was wäre, wenn nichts davon zuträfe? Wenn es keine Geschichte von großer Not wäre? Wenn jemand wählen könnte, wo er leben möchte? Wie würden wir dann darüber denken?

Geflüchtete, schreibt Arendt ebenfalls in diesem Essay, übertreiben ihre frühere Stellung und ihren einstigen Wohlstand, genau wie die Frau, die ich gestern erwähnt habe, die Frau aus dem Kosovo, die in Montenegro in einem Flüchtlingslager lebte, das aus lauter Wohnwagen bestand, und die zu mir sagte: »Im Kosovo waren wir reich.« Und ich dachte mir in dem Augenblick: »Sie sagt nicht die Wahrheit«, denn Menschen, die im Kosovo wirklich reich gewesen waren, bezahlten für eine bessere Unterkunft und lebten nicht in einem Wohnwagen in einem Flüchtlingslager. Aber, wie Arendt schreibt, diese Behauptungen bedeuten, »dass wir nämlich einst Menschen gewesen sind, um die sich andere gekümmert haben, dass unsere Freunde uns gern hatten und dass wir sogar bei unseren Hausbesitzern dafür bekannt waren, dass wir unsere Miete pünktlich zahlten«.[6] Ich denke, die Schlüsselworte sind, »dass wir einst Menschen gewesen sind«. Migranten erzählen ihre Geschichten, um mitzuteilen, dass sie »einst Menschen gewesen sind«. Arendt kam immer wieder auf die Frage zurück, wann jemand ein Mensch

6 Ebd., S. 22.

ist. Wenn sie schrieb, der anonyme Tod im Konzentrationslager sei die endgültige Leugnung der Menschlichkeit, schrieb sie über den anonymen Tod, der keinen Ort hat, keine Zeit, keine identifizierbaren Fakten – keine Geschichte.

Wie verhält es sich mit dem anonymen Leben? Was ist mit einem Leben, das nirgendwo hingehört, das keinen Ort und keine Zeit hat? Hannah Arendt hinterfragte die Annahme, dass das Leben an sich, das schiere Menschsein, Rechte verleiht. Das war ihre Kritik an der Idee der Menschenrechte, eine Kritik, die in ihrem persönlichen und philosophischen Verständnis von Vertreibung wurzelte. Um Rechte zu beanspruchen, braucht ein Mensch eine Gemeinschaft, einen Kontext, ein Publikum. Für das Publikum und für die Einbeziehung in die Gemeinschaft braucht man eine Geschichte. Die Geschichte muss die Erwartungen des Publikums erfüllen. Als Migrant, als Mensch im Exil, als Flüchtling passt man sich so an, dass man für das neue Publikum lesbar wird – selbst wenn die eigene Geschichte definitionsgemäß *fremd* ist, muss sie erkennbaren Narrativen entsprechen. Wir erzählen Geschichten, wenn wir Asyl beantragen, wir erzählen Geschichten, wenn wir uns anderen Menschen vorstellen, wir versuchen, zu erklären, wer wir in einem ganz anderen Kontext, zu einer ganz anderen Zeit, an einem ganz anderen Ort waren. Man könnte sagen, dass wir lügen, weil Geschichten nicht wirklich in eine andere Zeit, an einen anderen Ort und in eine andere Sprache zu übersetzen sind. Eine Fiktion wird zu einer anderen

Fiktion, und der Prozess der Anpassung und Neuinterpretation geht weiter, immer in dem Bemühen, sich verständlich zu machen, sich akzeptierbar zu machen, zu erreichen, dass man den Status verdient, den man rechtlich, politisch und gesellschaftlich haben möchte.

Kategorien sind Krücken beim Geschichtenerzählen. Sind Sie Geflüchtete oder Migrantin? Sind Sie politische Migrantin oder Wirtschaftsmigrantin? Sind Sie reich oder arm? Sind Sie eine leidende oder eine privilegierte Person? Kommen Sie von weit her? Waren Sie lange unterwegs? Was haben Sie letzten Endes verdient?

Die Geschichte, die man erzählt, gibt einem die Rechte.

Bevor ich losgefahren bin, um diese Vorlesungen zu halten, ist etwas Komisches passiert. Ich packte meinen Koffer für die Reise nach Boston, und als ich den Stapel Bücher neben meinem Bett anschaute, entdeckte ich ein kleines blaues Buch. Ich erinnerte mich, wann ich es bekommen hatte. Ein Jahr zuvor war ich in Sydney bei einem Literaturfestival gewesen und war zu einem Fernsehsender gefahren, wo ein Interview aufgezeichnet werden sollte. Im Wartebereich lagen auf dem Couchtisch diese kleinen blauen Bücher. Ich nahm eines, es war die Allgemeine Erklärung der Menschenrechte. Und ich dachte: »Wie merkwürdig, dass das hier im Wartebereich eines Fernsehstudios ausliegt: Wer wird das hier mitnehmen? Und was werde ich damit machen?«

Es hätte überall gewesen sein können, aber es war in

Australien, einem Land, das seine Migranten auf Gefängnisinseln unter freiem Himmel unterbringt; einem Land, in dem darüber debattiert wird, ob man überhaupt zulassen soll, dass die Migranten an Land kommen, wo sie in der Lage sind, ihr Recht auf die Beantragung von Asyl auszuüben, ein Recht, das in diesem kleinen blauen Buch niedergelegt ist. Das Buch befand sich in einem Hochhaus mit einem Fernsehstudio und wunderbarem Blick über die Bucht, während die heimatlosen Menschen *nirgendwo* waren.

Und so dachte ich: »Dann nehme ich dieses kleine Buch, es ist genauso groß wie meine Karteikarten. Es scheint angemessen, es zu verwenden.« Dann sah ich, dass auf dem Cover nicht »Allgemeine Erklärung der Menschenrechte« stand, sondern »Sie sind hier«. Kurz dachte ich: »Wie merkwürdig und womöglich clever, so etwas auf das Titelblatt der ›Allgemeinen Erklärung der Menschenrechte‹ zu schreiben.« Ich schlug das kleine Buch auf. Es war die Bedienungsanleitung für meinen Koffer, ein Modell, das großspurig – und sehr angemessen – Away heißt. Man braucht eigentlich keine Bedienungsanleitung für ein Handgepäckstück. Das war Werbung, eine andere Art von Geschichte. Ein teures Gepäckstück, das mir das Gefühl vermitteln sollte, dass ich sogar dann, wenn ich unterwegs bin, hier bin – dass ich verwurzelt bin, Rechte habe, dass ich jemand bin. Dass ich das Gegenteil von heimatlos bin.

4. April 2019

III
Geschichten eines Lebens

1. Fötus

Heute vor neununddreißig Jahren trugen meine Eltern einen Stapel Dokumente zu einem Büro in Moskau. Es war unser Antrag auf ein Ausreisevisum aus der Sowjetunion. Mehr als zwei Jahre sollten bis zur Erteilung des Visums vergehen, aber von dem Tag an hatte ich ein Gefühl der Unsicherheit, wo immer ich mich befand, und gleichzeitig ein Gefühl, dass sich mir Chancen eröffneten. Beides gehörte zusammen.

Im Erwachsenenalter bin ich erneut emigriert. 2016 zählte man mich sogar zu den »großen Immigranten«, was ich als Bestätigung meiner Fertigkeit verstand, die ich durch Übung erlangt hatte – obwohl das kaum das war, was dieser Ehrentitel ausdrücken sollte. Außerdem habe ich selbst Kinder großgezogen. Wenn ich etwas sagen kann, dann das: Mit jedem neuen Schritt, den ich getan habe, staunte ich mehr über den Mut, den es meine Eltern gekostet haben muss, den Schritt in den Abgrund zu tun. Ich erinnere mich, wie sie in der Küche saßen und einen Weltatlas studierten. Für sie war Amerika ein Umriss auf einer Seite, ein Netz dünner hellvioletter Linien. Sie hatten ein paar amerikanische Bücher gelesen und eine Handvoll Hollywoodfilme gesehen. Ein Freund fragte sie gern scherzhaft, ob sie wirklich sicher sein könnten, dass der Westen überhaupt existierte.

Ganz ehrlich: Sie konnten es nicht wissen. Sie wussten, dass sie, wenn sie die Sowjetunion verließen, nie wieder zurückkehren durften (wie viele Dinge, die wir als absolute Gewissheiten hinnehmen, stellte auch diese sich als falsch heraus). Sie würden anderswo ein Zuhause suchen müssen. Ich denke, für sie war das in Ordnung: Als Juden hatten sie sich in der Sowjetunion nie heimisch gefühlt – und wenn Heimat nicht da ist, wo man geboren wurde, ist nichts von vornherein festgelegt. Alles ist möglich. Deshalb blieben meine Eltern immer dabei, dass sie ihren Sprung ins Unbekannte auch als Abenteuer betrachteten.

Ich war da nicht so sicher. Schließlich hatte mich niemand gefragt.

2. Verwundbar

Als ich dreizehn war, fand ich mich auf einer Lichtung in einem Wald vor den Toren Moskaus wieder, bei einer geheimen Versammlung – man könnte auch sagen Untergrundversammlung, obwohl sie unter freiem Himmel stattfand – jüdischer Kulturaktivisten. Menschen traten vor die Menge, einer, zwei oder mehrere auf einmal, mit Gitarren oder ohne, und sangen etwas aus dem begrenzten Repertoire hebräischer und jiddischer Lieder. Das heißt, sie sangen dieselben drei oder vier Lieder immer wieder. Die Melodien berührten etwas in mir und brachten ein Organ, von dessen Existenz ich nichts gewusst hatte – etwas über dem Brustbein –, dazu, dass es von einem Gefühl der Zugehörigkeit kribbelte. Ich war von Fremden umgeben, wir saßen auf Holzklötzen verteilt im Gras, und bis heute erinnere ich mich an die Gesichter. Ich sah sie an und dachte: »So bin ich.« Das »So« bedeutete »jüdisch«. Mit dem Wissen weiterer siebenunddreißig Jahre würde ich hinzufügen »in einer säkularen kulturellen Gemeinschaft« und »in der Sowjetunion«, aber damals war der Raum zu klein für weitere Einzelheiten. Alles schien so selbstverständlich – sobald ich wusste, was ich war, würde ich einfach so sein. Tatsächlich versuchten die Menschen da vor mir, die diese Lieder sangen, herauszufinden, wie man jüdisch sein konnte in einem Land, das alles Jüdische ausradiert hatte. Heute würde ich gerne denken, dass ich die Menschen dabei beobachtete, wie sie lernten, eine Identität anzunehmen, die bei mir ein Kribbeln auslöste.

Einige Monate später verließen wir die Sowjetunion. In autobiografischen Büchern von Exilanten taucht der Augenblick der Emigration oft bereits auf den ersten Seiten auf – unabhängig davon, wann er tatsächlich im Leben des Autors stattgefunden hat. Ich schlug Nabokovs *Erinnerung, sprich* auf, um zu sehen, ob der Satz an seinem vertrauten Platz stand. Es dauerte eine Weile, weil die Worte tatsächlich erst auf Seite 250 von 310 meiner Ausgabe kamen. Sie lauteten: »Der Bruch in meinem eigenen Leben gewährt mir in der Rückschau eine synkopische Befriedigung, die ich um keinen Preis missen möchte.«[7]

7 Vladimir Nabokov, *Erinnerung, sprich*, Reinbek bei Hamburg: Rowohlt 1999 [1951], S. 337.

Ein viel zitierter Satz aus einem Buch, das viele zitierwürdige Sätze enthält. Meine verstorbene Freundin Svetlana Boym hat analysiert, wie Nabokov das Wort »Synkope« verwendet. »Synkope«, schrieb Svetlana, »ist das Gegenteil von Symbol und Synthese.«[8]

Suketu Mehta schrieb in *Bombay. Maximum City*:

> Im Leben jedes Menschen gibt es ein bestimmtes zentrales Ereignis, das alles prägt, formt und hinbiegt, was danach kommt, und in der Erinnerung auch all das, was davor war. Für mich war das die Auswanderung nach Amerika im Alter von vierzehn Jahren. Das ist ein schwieriges Alter für den Wechsel des Landes. Man ist noch nicht ganz erwachsen in der alten Heimat und wird sich auch in dem neuen Land, in das man zieht, nie ganz wohl fühlen in seiner Haut.[9]

Mehta enttäuschte mich nicht: Diese Sätze stehen auf den ersten Seiten seines großartigen Buchs. Überdies kam er im selben Alter nach Amerika wie ich. Zwar glaube ich, dass er vielleicht im Hinblick auf *jeden Menschen* unrecht hat, aber ich bin mir sicher, dass er in Bezug auf Emigranten richtigliegt: Der Bruch färbt alles, was davor kam und was danach kommt.

Svetlana Boym hatte ihre eigene Theorie: Das Leben einer Emigrantin geht in dem Land weiter, das sie verlassen hat. Eine parallele Geschichte. In einer unveröffentlichten Schrift versuchte sie sich das parallele Leben vorzustellen, das ihr zurückgelassenes sowjetisches/russisches/jüdisches Selbst führte. Gegen Ende

---

8 Svetlana Boym, *The Future of Nostalgia*, New York: Basic Books 2001, S. 281.
9 Suketu Mehta, *Bombay. Maximum City*, Frankfurt/M.: Suhrkamp 2006 [2004], S. 17.

ihres Lebens wurde dieses Nachzeichnen und Nach-spüren geradezu eine Obsession. Sie hatte auch eine Theorie über mich: dass ich zurückgegangen war, um ein Leben fortzuführen, das unterbrochen worden war. Auf jeden Fall gibt es viele Geschichten, die man über ein einzelnes Leben erzählen kann.

3. Vielfalt

Am Valentinstag 1982 – ich war fünfzehn – ging ich zu einer schwulen Tanzveranstaltung in Yale. Es war eine gute Zeit für solche Veranstaltungen. Queer zu sein war nicht mehr mit Angst verbunden, aber das schwule Leben spielte sich immer noch halb im Verborgenen ab, was aufregend war. Ich erinnere mich nicht, dass ich tatsächlich getanzt habe, und ich erinnere mich nicht einmal, dass jemand mich ansah. Mit anderen Worten, ich bin ziemlich sicher, dass niemand Notiz von mir nahm. Seltsamerweise war das nicht schlimm. Denn woran ich mich erinnere, ist, dass ich irgendwo im Dunkeln stand, mich an irgendetwas anlehnte und es mir vorkam, als wäre ich von einer Gemeinschaft um-geben. Ich erinnere mich, dass ich dachte: »So könnte ich sein.«

Für mich hatte die Synkope der Emigration bedeu-tet, dass ich den Unterschied entdeckte zwischen dem, was ich war – das Erlebnis in den Wäldern vor Mos-kau –, und dem, was ich sein könnte – das Erlebnis bei der Tanzveranstaltung. Es war ein Augenblick der Wahl, und dank des »Bruchs in meinem Schicksal« war ich mir dessen bewusst.

4. Anspruch

In diesem Sinn weicht meine persönliche Erzählung vom Narrativ der amerikanischen Schwulen- und Lesbenbewegung ab. Letzteres enthielt keine Entscheidungsmöglichkeit. Eine Wahl muss möglicherweise verteidigt werden – ganz sicher muss man darauf vorbereitet sein, das eigene Recht, eine Wahl treffen zu können, zu verteidigen –, während die Behauptung, man sei so geboren, an das Mitgefühl der Menschen appelliert oder wenigstens an den Anstand. Es dient auch dazu, die eigenen Zweifel zu ersticken und künftige Optionen auszuschließen. Wir sind meistens zufrieden, wenn wir nicht so viele Wahlmöglichkeiten haben – genau wie ich mich sicherer gefühlt hätte, wenn meine Eltern nicht zu ihrem großen Emigrationsabenteuer aufgebrochen wären.

Nachdem wir aus Moskau weggegangen waren, sah sich eine meiner Großmütter gezwungen, die Tatsache unserer Emigration zu verheimlichen – wir hatten einen Akt des Verrats begangen, der die Zurückgebliebenen in Gefahr hätte bringen können. Und so hielt sie in der kleinen Stadt, in der sie lebte und in der ich die Sommer meiner Kindheit verbracht hatte, meine Freunde weiter auf dem Laufenden über das Leben, das ich nicht führte. In diesem sowjetischen Leben bewarb ich mich an Hochschulen und wurde abgelehnt. Am Ende schlug ich eine unbedeutend klingende technische Laufbahn ein.

Mich verletzte die Vorhersehbarkeit der Geschichte, die meine Großmutter für mich ausgewählt hatte. In den Vereinigten Staaten führte ich ein buntes und risikoreiches Leben – ich schmiss die Highschool, lief von zu Hause weg, zog ins New Yorker East Village, fuhr mit dem Fahrrad Lieferungen aus, schmiss das College, schrieb für LGBT-Magazine, arbeitete mit einundzwanzig in der Redaktion einer Zeitschrift, wurde bei Act-up-Protesten festgenommen, experimentierte mit Sex und Liebe, verhielt mich abscheulich, war eine gute Freundin oder versuchte zumindest, es zu sein – aber in dem Spiegel, den meine Großmutter mir vorhielt, war nicht nur der Ort ein anderer: In meinem Leben hatte ich eine Wahl.

Nach zehn Jahren in diesem Land kehrte ich nach Moskau zurück, mit dem journalistischen Auftrag, von dort zu berichten. Ich fühlte mich so unerwartet wohl in dem Land, während ich doch erwartet hatte, dass ich mich fremd fühlen würde – als würde mein Körper entspannt an einen Platz sinken, der für ihn frei geblieben war –, dass es mich ärgerte, beim Weggang keine Wahl gehabt zu haben. Ich reiste hin und her, und schließlich blieb ich und erfand mich neu als jemand, der auf Russisch journalistisch tätig ist. Ich gab vor, das sei das Leben, das ich geführt hätte, wenn ich nie weggegangen wäre, aber tief in mir drinnen glaubte ich, dass meine Großmutter recht gehabt hatte: Es gab ein Parallel-Ich, das jämmerlich und ohne Perspektive in einem Ingenieursberuf malochte. Das machte mich in dem Leben, das ich führte, zu jemandem, der anderen gegenüber gleich in doppelter Hinsicht unaufrichtig war.

Ich bin mir nicht sicher, wann ich die Entscheidung traf, in Russland zu bleiben, aber ich höre noch, wie der Satz aus meinem Mund kam, überraschend für mich, wie es manchmal ist, wenn sich eine Entscheidung selbst verkündet. Ich hatte damals ein Jahr dort gelebt und unterhielt mich mit einem engen Freund, einem Promotionsstudenten, der ebenfalls ein Jahr in Russland gewesen war und nun zurückgehen wollte. »Ich denke, ich werde bleiben«, sagte ich. »Natürlich bleibst du«, erwiderte er, als wäre das ganz selbstverständlich.

Um diese Zeit herum wurde ich von einem jungen russischen Journalisten interviewt: Dass ich mich entschieden hatte, in Russland zu bleiben, machte mich zu einer so exotischen Erscheinung, dass darüber berichtet wurde. Er fragte mich, was mir besser gefiel: jemand Russisches in Amerika zu sein oder jemand Amerikanisches in Russland. Ich war wütend – ich sah mich selbst in Russland als jemand Russisches und in Amerika als jemand Amerikanisches. Es dauerte viele Jahre, bis es mir gefiel, überall, wo ich war, nicht dazuzugehören.

Ich traf meine beiden Großmütter wieder, die ich seit meiner Jugend nicht mehr gesehen hatte, und begann sie zu befragen. Aus diesem Projekt wurde ein Buch über die Entscheidungen, die sie getroffen hatten. Die eine, die unsere Emigration missbilligte, war Zensorin geworden, eine moralische Entscheidung, wie sie mir erklärte. Sie war ausgebildete Geschichtslehrerin, aber als sie ihr Studium beendet hatte, war sie überzeugt, dass sie als Geschichtslehrerin in der Sowjetunion die Kinder jeden Tag anlügen müsste. Zensorin erschien ihr demgegenüber als eine Arbeit, die sie wie ein Roboter erledigen konnte: Eine andere Person würde dieselben Zeilen schwärzen und dieselben Briefe konfiszieren (ihr erster Job bestand darin, Druckerzeugnisse, die mit der Post aus dem Ausland kamen, zu zensieren), während jeder Geschichtslehrer eine andere Art von Tricks und Überredung anwandte, um das Bild der Kinder von der Vergangenheit zu manipulieren.

Meine andere Großmutter kannte ich als Rebellin und Dissidentin, ein Mensch, der niemals Kompromisse einging. Aber als ich sie befragte, erfuhr ich, dass sie zugesagt hatte, als man ihr eine Arbeit (als Übersetzerin) bei der Geheimpolizei angeboten hatte. Das war während Stalins Kampagne gegen die »wurzellosen Kosmopoliten« gewesen, als Juden aus allen erdenklichen Sowjetinstitutionen verjagt wurden. Sie fand keine Arbeit, um sich am Leben zu erhalten, oder genauer, um ihren kleinen Sohn am Leben zu erhalten. Sie habe absolut keine Wahl gehabt, sagte sie mir: Sie musste ihr Kind ernähren. Letztlich trat sie die Tätigkeit nicht an, weil sie bei der ärztlichen Untersuchung durchfiel.

Die zentrale Figur in meinem Buch war jedoch ihr Vater, der in Majdanek ermordet worden war. Ich hatte immer gewusst, dass er am Aufstand im Ghetto von Białystok teilgenommen hatte. Aber dann fand ich auch noch heraus, dass er dem Judenrat angehört hatte, bevor er sich entschloss, den Aufständischen zu helfen.

Beim Studium des Archivmaterials – erstaunlich viele Dokumente aus dem Ghetto von Białystok sind erhalten geblieben – wurde mir klar, dass mein Urgroßvater tatsächlich einer der Vorsitzenden des Judenrats gewesen war. Seine Zuständigkeiten hatten die Lebensmittellieferungen ins Ghetto und die Müllabfuhr aus dem Ghetto umfasst, und ich fand deutliche Hinweise, dass er an der Zusammenstellung der Namenslisten für die Vernichtung beteiligt gewesen war. Ich entdeckte auch die Aufzeichnungen einer Angehörigen der Widerstandsorganisation, in denen sie die Bemühungen meines Urgroßvaters schilderte, den Widerstand zu unterdrücken. Später änderte er anscheinend seine Haltung und half den Aufständischen, Waffen ins Ghetto zu schmuggeln. Vor dem Krieg war er ein gewählter Amtsträger gewesen, Mitglied des Stadtrats und des Jüdischen Rats, deshalb war für mich klar, dass sich seine Arbeit im Judenrat als logische Fortsetzung seines Wahlamts ergeben hatte. Ich sah, wie sich die Entscheidungen meines Urgroßvaters aneinandergefügt hatten.

Meine Großmutter wollte nicht, dass ich den Teil über den Judenrat veröffentlichte, und wir führten einen langwierigen Kampf darüber, wer diese Geschichte erzählen durfte – sie oder ich oder wir gemeinsam. Letztendlich hatte sie nur eine Bitte: dass ich ein Zitat aus Hannah Arendts *Eichmann in Jerusalem* weglassen sollte. Es ist die berüchtigte Stelle, in der Arendt sagt, der Holocaust wäre ohne die Mithilfe der Judenräte nicht möglich gewesen.

Ich sah es als eine Geschichte unmöglicher, qualvoller Entscheidungen, die er dennoch unbedingt hatte treffen wollen. Totalitäre Regime sind bestrebt, einem die Wahl zu nehmen, und dafür interessierte ich mich damals. Ich staunte über die Kluft zwischen meinen Möglichkeiten, zu urteilen, und den unerträglich eingeschränkten Optionen, vor denen meine Großeltern gestanden hatten. Ich versteifte mich auf die Vorstellung von der »unmöglichen Wahl« und davon, wie es ist, »keine Wahl« zu haben. Aber heute beschäftigt mich, dass Widerstand, so glaube ich, die Form annehmen kann, dass man darauf besteht, eine Wahl zu treffen, selbst wenn es die Wahl zwischen unerträglichen Optionen ist.

5. Wissenschaftsbasiert
Das Abenteuer meiner Eltern kam elf Jahre nach unserer Ankunft in den Vereinigten Staaten an sein Ende. Meine Mutter starb im Sommer 1992 an Krebs. Weitere elf Jahre später kehrte ich für ein einjähriges Fellowship zurück – ein Jahr lang jemand Russisches in Amerika sein. In dem Jahr ließ ich einen Test machen, der zeigte, dass auch ich die genetische Mutation hatte, die die Krebserkrankung verursachte, an der meine Mutter und zuvor schon ihre Tante gestorben waren. Ich war »so geboren« – geboren, Brustkrebs oder Eierstockkrebs zu bekommen oder beides. Das Fachpersonal für genetische Beratung und die Ärzte fragten mich, was ich tun wolle. Es war eine Entscheidung – zwischen »aggressiver Überwachung«, ob erste Hinweise auf

Krebs zu entdecken waren (was nach Überzeugung der Ärzte mit Sicherheit passieren würde), und präventiver Operation.

Ich schrieb zuerst eine Reihe von Artikeln und dann ein Buch darüber, wie es ist, im Zeitalter der Gentests Entscheidungen zu treffen. Ich sprach mit Menschen, die schlimmere Entscheidungen hatten treffen müssen als die, die mir bevorstand. Diese Menschen hatten beschlossen, ohne so wichtige Organe wie Magen oder Bauchspeicheldrüse zu leben, während die Ärzte mir nur die Entfernung der Brüste und der Eierstöcke empfahlen. Ich entschied mich für die Amputation und den Wiederaufbau der Brüste. Ich wählte meine Körbchengröße und mein Schicksal!

Nebenbei bemerkt, fanden die Ärzte meine Entscheidung nicht richtig: Sie plädierten eher für die Entfernung der Eierstöcke, das sei wichtiger als die Amputation der Brüste. Für mich sprach mehr dafür, die Eierstöcke noch eine Weile zu behalten, aber vor zweieinhalb Jahren ließ ich sie dann auch entfernen. In dieser Zeit suggerierte mir meine Ärztin sehr deutlich, dass ich keine Wahl mehr hätte.

6. Transgender

Zwei Jahrzehnte nach meiner Rückkehr nach Russland ging ich wieder fort. Es war eine dieser unmöglichen Entscheidungen, die sich nicht so anfühlen, als hätte man eine Wahl: Ich gehörte zu den vielen Menschen, die während der Repressionen nach den Protesten von 2011/12 dazu gedrängt wurden, das Land zu verlassen.

Einige wurden vor die Wahl gestellt – entweder emigrieren oder im Gefängnis landen. Meine Optionen waren, entweder zu emigrieren oder zusehen zu müssen, wie die Behörden mir aufgrund meiner Homosexualität das Sorgerecht für meine Kinder streitig machen würden.

Und was passierte in dem Leben, das mein zurückgelassenes Selbst in Amerika führte, während ich in Russland war? Mein publizistisches Leben lief in mehr oder weniger hohem Tempo weiter – ich veröffentlichte in den Vereinigten Staaten, während ich in Russland lebte. Wer war ich in sozialer Hinsicht? Wer waren meine Leute? Wohin gehörte ich? Ich hatte einige Freunde verloren und andere gewonnen. Einige waren Paare geworden, hatten sich getrennt, neue Paare gebildet und Kinder bekommen. Ich hatte in einer Beziehung gelebt und dann in einer anderen und hatte auch Kinder bekommen.

Außerdem waren einige Frauen, die ich gekannt hatte, zu Männern geworden. Die meisten Transgenderpersonen würden es nicht so ausdrücken; für gewöhnlich zeugen ihre Aussagen davon, dass sie keine Wahl hatten: Man sagt, man sei schon immer ein Mann oder eine Frau gewesen und jetzt trete das wahres Selbst zutage. »So geboren«, das ist derselbe Ansatz, den sich die Bewegung der Schwulen und Lesben in der Zeit, als ich fort gewesen war, so erfolgreich politisch zunutze gemacht hatte: Er hatte homosexuellen Menschen den Weg in Institutionen wie das Militär und die Ehe eröffnet.

Die übliche Geschichte klingt etwa so: Als Kind fühlte ich mich immer als Junge oder fühlte mich nie als Mädchen, und dann versuchte ich, als Lesbe zu leben, aber es ging nicht um die sexuelle Orientierung – es ging um das Geschlecht, genau gesagt, um das »wahre Geschlecht«, das nun durch eine Umwandlung erreicht werden konnte. Ich ärgerte mich immer, wenn ich solche Geschichten hörte. Ich hatte mich auch immer als Junge gefühlt! Es hatte mich einige Anstrengung gekostet, das Frausein (was immer das heißen mag) zu genießen – ich hatte es geschafft, ich hatte gelernt, *so zu sein.* Dennoch: Da stand ich nun vor der Möglichkeit, dass ich in dem Parallelleben, das mein zurückgelassenes Selbst in den USA führte, während ich in Russland war, das Geschlecht gewechselt hätte. Das wahre Geschlecht (was immer das heißen mag) hatte damit nicht viel zu tun, aber sehr wohl die Entscheidungsmöglichkeit. Irgendwie war mir entgangen, dass es sie gab.

Ich hatte ein ganzes Buch über Entscheidungen geschrieben, die damit zu tun hatten, die Körperteile entfernen zu lassen, die mich weiblich machten: die Brüste, die Eierstöcke, die Gebärmutter. Und ich hatte die Annahme nicht infrage gestellt, dass man nach einer Mastektomie die Optionen für einen Wiederaufbau prüft und nach einer radikalen Hysterektomie überlegt, ob eine »Ersatz«-Therapie mit Östrogen durchgeführt werden soll. Ich ließ die Brüste wiederaufbauen und nahm Östrogen. Ich erkannte meine Wahlmöglichkeiten, die sich unter einigem Druck stellten, nämlich nicht als Chance für ein Abenteuer. Mir kam nicht der Gedanke, in einem anderen Körper zu leben, wie einem womöglich der Gedanke kommt, in einem anderen Land zu leben. Wie erfinde ich die Person, die ich jetzt bin?

Ich setzte das Östrogen ab und nahm Testosteron. Ich hatte einige Probleme mit der medizinischen Evidenz, denn wie ich feststellte, fallen alle Veröffentlichungen über die Einnahme von Testosteron durch Personen, die ihr Leben als Frauen begonnen haben, in eine von zwei Kategorien: Entweder weisen sie nach, dass die Personen, die Testosteron einnehmen, all die vermännlichenden Veränderungen erleben werden, die sie sich wünschen, oder sie weisen nach, dass die Frauen keine der vermännlichenden Veränderungen erleben werden, die sie fürchten. Ich nehme eine geringe Dosis, und ich habe keine Ahnung, wie es sich bei mir auswirken wird. Meine Stimme ist tiefer geworden. Mein Körper verändert sich.

Aber Körper verändern sich dauernd. In ihrem Buch *Die Argonauten* zitiert Maggie Nelson ihren Partner, den Künstler Harry Dodge, mit der Bemerkung, er werde nirgendwo hingehen – sich nicht verändern, sondern er selbst bleiben. Ich respektiere diese Sichtweise, obwohl ich wahrscheinlich das Gegenteil sagen würde: Neunundreißig Jahre lang, seit meine Eltern jene Dokumente zu der Visastelle gebracht hatten, habe ich mich so unsicher gefühlt, dass ich nicht beanspruche, jemand »wirklich zu sein«. Ein Mensch ist eine Abfolge von Entscheidungen, und die Frage lautet: Wird meine nächste Entscheidung eine bewusste sein, und werde ich sie ungehindert treffen können?

7. Evidenzbasiert

Es war nicht schwer, meine Notizen für diese Vorlesung um die sieben Wörter herum zu ordnen, deren Gebrauch die Trump-Regierung angeblich der Gesundheitsbehörde Centers for Disease Control verboten hat. Alle sieben Wörter – von »Fötus« bis »evidenzbasiert« – haben Auswirkungen auf unser Verständnis von Wahlfreiheit.

Wahlfreiheit ist eine große Last. Die Aufforderung, das eigene Leben zu erfinden, immer und immer wieder, kann unerträglich klingen. Totalitäre Regime wollen die Möglichkeit, eine Wahl zu treffen, radikal ausmerzen, aufstrebende Autokraten hingegen versprechen, sie wollten die Menschen von der Last befreien, eine Wahl treffen zu müssen. Das ist das Versprechen von »Make America Great Again« – der Slogan beschwört die Verlockung einer imaginären Vergangenheit, in der man frei war, keine Wahl zu treffen.

Im letzten Jahr hat mich überrascht, dass das neu aufgekeimte Interesse an manchen klassischen Werken über den Totalitarismus nicht auch das wunderbare Buch von Erich Fromm *Die Furcht vor der Freiheit* wieder hervorgeholt hat (obwohl Fromm, der Psychoanalytiker und Sozialpsychologe, von vielen Menschen, die sich beruflich mit psychischen Erkrankungen befassen, wiederentdeckt wird, weil er das Konzept des

»bösartigen Narzissmus« eingeführt hat). Im Vorwort entschuldigt sich Fromm für eine gewisse Flüchtigkeit, wie er meint, weil er das Buch in aller Eile habe schreiben müssen: Er spürte, dass die Welt am Rand einer Katastrophe stand. Das schrieb er 1940.

In dem Buch schlägt Fromm vor, zwischen zwei Arten von Freiheit zu unterscheiden: »Freiheit von«, was wir alle wollen – wir alle wollen, dass unsere Eltern endlich aufhören, uns zu sagen, was wir tun sollen –, und »Freiheit zu«, was schwierig oder sogar unerträglich sein kann. Das ist die Freiheit, die eigene Zukunft zu erfinden, die Freiheit, zu wählen. Fromm meint, zu bestimmten Zeiten in der Geschichte werde die Last der »Freiheit zu« für eine kritische Masse von Menschen zu schwer, und sie ergriffen die Gelegenheit, ihre Handlungsmacht abzugeben – sei es an Martin Luther, Adolf Hitler oder Donald Trump.

Kein Wunder, dass Trump offensichtlich von Menschen besessen ist, die Wahlfreiheit verkörpern. Immigranten sind Trumps schlimmster imaginärer Feind, sie müssen »extrem gründlich überprüft« und durch eine Mauer aufgehalten werden, ihre Verbrechen müssen über eine spezielle Hotline gemeldet und ihre Familien dürfen nicht in das Land hereingelassen werden. Es erinnert mich an die »aggressive Überwachung« im Hinblick auf den Krebs, der mit Sicherheit kommen würde. Transgenderpersonen sind ein weiteres Ziel von Trumps scheinbar spontanen Ausfällen – siehe den Ausschluss von Transgenderpersonen aus dem Militär, die Aufhebung von Schutzmaßnahmen für Transgenderstudierende und jetzt das Verbot, allein das Wort »Transgender« zu gebrauchen.

Aber wenn wir über Immigranten sprechen, neigen wir dazu, die Tatsache, dass sie keine Wahl hatten, besonders hervorzuheben, genau wie wenn wir über Homosexuelle oder Transgenderpersonen sprechen. Wir konzentrieren uns auf die Unterscheidung zwischen Geflüchteten und »Wirtschaftsflüchtlingen«, ohne zu fragen, warum Angst vor Hunger und Not als Grund für Migration weniger zählen sollten als die Furcht vor Gefängnis oder Tod durch eine Schussverletzung – und auch nur dann, wenn die Verletzung aus politischen oder religiösen Gründen zugefügt wurde. Aber das ist nicht alles: Warum nehmen wir an, dass jemand umso mehr berechtigt ist, in ein Land hereingelassen zu werden, das behauptet, die individuelle Wahlfreiheit sei eines seiner Ideale, je stärker eingeschränkt seine oder ihre Wahlmöglichkeiten sind?

Immigranten treffen eine Entscheidung. Die mutige Tat besteht nicht darin, weiter mit dem Risiko zu leben, eine Kugel abzubekommen, sondern die Entscheidung zu treffen, dieser Kugel zu entgehen. In der Sowjetunion glaubten die meisten Dissidenten, wenn man vor die unmögliche Wahl gestellt würde, entweder das Land zu verlassen oder ins Gefängnis zu gehen, müsse man das Exil wählen. In einer weniger dramatischen Dimension besteht die mutige Tat darin, in der Lage zu sein, das Weggehen mehr als Abenteuer denn als Flucht zu begreifen. Weil es als lebendige Erinnerung dient, dass das Leben voller Entscheidungen steckt –

Entscheidungen, die Immigranten und die meisten Transmenschen treffen, ob ihre persönlichen Erzählungen von Entscheidungen handeln oder nicht.

Ich wünschte, ich könnte mit einem hoffnungsvollen Satz enden, etwa: Wenn wir nur darauf beharren, Entscheidungen zu treffen, wird es uns gelingen, die Dunkelheit fernzuhalten. Ich bin nicht überzeugt, dass das stimmt. Aber ich denke, dass wir, wenn wir Entscheidungen treffen und, noch wichtiger, uns bessere Entscheidungen ausmalen, am ehesten die Chance haben, aus der Dunkelheit in einem besseren Zustand herauszukommen als dem, in dem wir hineingegangen sind. Es ist ein bisschen wie beim Emigrieren: Die Entscheidung zu gehen fühlt sich selten frei an, aber die Entscheidung, neue Weltgegenden (oder veränderte Körper) zu bewohnen, erfordert Vorstellungskraft.

17. Dezember 2017

Textnachweise

»Wie man die Geschichten von Immigration erzählen sollte«: Preisrede anlässlich der Verleihung des Hitchens Prize am 3. Dezember 2018 in New York. Der englische Originaltext mit dem Titel »How to Tell the Stories of Immigration« ist auf der Website von *The Atlantic* verfügbar: {https://www.theatlantic.com/ideas/archive/2018/12/masha-gessen-wins-2018-hitchens-prize/577297/} (Stand Januar 2020).

»58 Geschichten der Migration«: Tanner Lectures on Human Values, unter dem Titel »How Do We Talk About Migration?« gehalten am 3. und 4. April 2019 am Mahindra Humanities Center der Harvard University.

»Geschichten eines Lebens«: Der Text, eine leicht veränderte Fassung der Robert B. Silvers Lecture, die Masha Gessen am 18. Dezember 2017 in der New York Public Library gehalten hat, wurde am 8. Februar 2018 in *The New York Review of Books* unter dem Titel »To Be, or Not to Be« abgedruckt.

Themenschwerpunkt
»Flucht – Migration – Integration«
in der edition suhrkamp

Scott Anderson. Zerbrochene Länder. Wie die arabische
Welt aus den Fugen geriet. Übersetzt von Laura Su Bischoff.
es-Sonderdruck. 264 Seiten

Wolfgang Bauer. Über das Meer. Mit Syrern auf der Flucht
nach Europa. es-Sonderdruck. 133 Seiten

Zygmunt Bauman. Die Angst vor den anderen. Ein Essay
über Migration und Panikmache. Übersetzt von Michael
Bischoff. es-Sonderdruck. 125 Seiten

Heinrich Geiselberger (Hg.). Die große Regression. Eine
internationale Debatte über die geistige Situation der Zeit.
es-Sonderdruck. 319 Seiten

François Jullien. Es gibt keine kulturelle Identität. Wir verteidigen die Ressourcen einer Kultur. Übersetzt von Erwin
Landrichter. es 2718. 80 Seiten

Thomas McCarthy. Rassismus, Imperialismus und die Idee
menschlicher Entwicklung. es 2688. 402 Seiten

Jan-Werner Müller. Was ist Populismus? Ein Essay.
es-Sonderdruck. 160 Seiten

Miltiadis Oulios. Blackbox Abschiebung. Geschichte,
Theorie und Praxis der deutschen Migrationspolitik.
es-Sonderdruck. 512 Seiten

Volker Perthes. Das Ende des Nahen Ostens, wie wir ihn kennen. Ein Essay. es-Sonderdruck. 144 Seiten

Werner Schiffauer. Schule, Moschee, Elternhaus. Eine ethnologische Intervention. es 2699. 298 Seiten

Mark Terkessidis. Interkultur. es 2589. 220 Seiten
- Kollaboration. es 2686. 332 Seiten

Themenschwerpunkt »Europa«
in der edition suhrkamp

NF 1092/1/10.17

Robert Menasse. Heimat ist die schönste Utopie. Reden (wir) über Europa. es 2689. 176 Seiten

Jan-Werner Müller. Wo Europa endet. Ungarn, Brüssel und das Schicksal der liberalen Demokratie. edition suhrkamp digital. 79 Seiten

Claus Offe. Europa in der Falle. es 2691. 160 Seiten

Heribert Prantl. Trotz alledem! Europa muss man einfach lieben. es-Sonderdruck. 93 Seiten

Katharina Raabe/Manfred Sapper (Hg.). Testfall Ukraine. Europa und seine Werte. es-Sonderdruck. 256 Seiten

edition suhrkamp
Eine Auswahl

Colin Crouch
- Gig Economy. Prekäre Arbeit im Zeitalter von Uber, Minijobs & Co. es 2742. 135 Seiten
- Postdemokratie. es 2540. 159 Seiten

Didier Eribon
- Gesellschaft als Urteil. Klassen, Identitäten, Wege. es-Sonderdruck. 264 Seiten
- Rückkehr nach Reims. es-Sonderdruck. 237 Seiten

Heiner Flassbeck / Paul Steinhardt. Gescheiterte Globalisierung. Ungleichheit, Geld und die Renaissance des Staates. es 2722. 410 Seiten

Heinrich Geiselberger (Hg.). Die große Regression. Eine internationale Debatte über die geistige Situation der Zeit. es-Sonderdruck. 318 Seiten

Kristen R. Ghodsee. Warum Frauen im Sozialismus besseren Sex haben. Und andere Argumente für ökonomische Unabhängigkeit. es-Sonderdruck. 275 Seiten

Mark Greif. Bluescreen. Essays. es 2629. 231 Seiten

Jürgen Habermas. Im Sog der Technokratie. Kleine politische Schriften XII. es 2671. 193 Seiten

Lea Haller. Transithandel. Geld- und Warenströme im globalen Kapitalismus. es 2731. 512 Seiten

David Harvey. Rebellische Städte. es 2657. 283 Seiten

Wilhelm Heitmeyer. Autoritäre Versuchungen. Signaturen der Bedrohung 1. es 2717. 394 Seiten

Steffen Mau. Das metrische Wir. Über die Quantifizierung des Sozialen. es-Sonderdruck. 307 Seiten

Franco Moretti. Kurven, Karten, Stammbäume. Abstrakte Modelle für die Literaturgeschichte. es 2564. 138 Seiten

Chantal Mouffe. Für einen linken Populismus. es 2729. 111 Seiten

Jan-Werner Müller
- Furcht und Freiheit. Für einen anderen Liberalismus. es-Sonderdruck. 170 Seiten
- Was ist Populismus? Ein Essay. es-Sonderdruck. 159 Seiten

Oliver Nachtwey. Die Abstiegsgesellschaft. Über das Aufbegehren in der regressiven Moderne. es 2682. 263 Seiten

Miltiadis Oulios. Blackbox Abschiebung. Geschichte, Theorie und Praxis der deutschen Migrationspolitik. es-Sonderdruck. 483 Seiten

Volker Perthes. Das Ende des Nahen Ostens, wie wir ihn kennen. es-Sonderdruck. 143 Seiten

Heribert Prantl. Trotz alledem! Europa muss man einfach lieben. es-Sonderdruck. 93 Seiten

Katharina Raabe / Manfred Sapper (Hg.). Testfall Ukraine. Europa und seine Werte. es-Sonderdruck. 256 Seiten

Hanno Rauterberg
- Die Kunst und das gute Leben. Über die Ethik der Ästhetik. es 2696. 205 Seiten
- Wie frei ist die Kunst? Der neue Kulturkampf und die Krise des Liberalismus. es 2725. 141 Seiten

César Rendueles
- Kanaillen-Kapitalismus. Eine literarische Reise durch die Geschichte der freien Marktwirtschaft. es 2737. 300 Seiten
- Soziophobie. Politischer Wandel im Zeitalter der Utopie. es 2690. 262 Seiten

Ulrich Schmid. Technologien der Seele. Vom Verfertigen der Wahrheit in der russischen Gegenwartskultur. es 2702. 386 Seiten

Michel Serres. Was genau war früher besser? Ein optimistischer Wutanfall. es-Sonderdruck. 80 Seiten

Carlo Strenger
- Abenteuer Freiheit. Ein Wegweiser für unsichere Zeiten. es-Sonderdruck. 122 Seiten
- Diese verdammten liberalen Eliten. Wer sie sind und warum wir sie brauchen. es-Sonderdruck. 172 Seiten

Kate Tempest
- Brand New Ancients/Brandneue Klassiker. Lyrik. es 2733. 103 Seiten
- Let Them Eat Chaos. Sollen sie doch Chaos fressen. es 2754. 154 Seiten

Philipp Ther. Das andere Ende der Geschichte. Über die Große Transformation. es 2744. 199 Seiten

David Van Reybrouck. Zink. es-Sonderdruck. 86 Seiten

Slavoj Žižek. Auf verlorenem Posten. es 2562. 319 Seiten

Gabriel Zucman. Steueroasen. Wo der Wohlstand der Nationen versteckt wird. es-Sonderdruck. 118 Seiten

Die große Regression
Eine internationale Debatte über
die geistige Situation der Zeit
Herausgegeben von Heinrich
Geiselberger
319 Seiten
€ 18,00 [D] / € 18,50 [A]
ISBN 978-3-518-07291-2
Auch als eBook erhältlich

Spätestens seit sich die Folgen der Finanzkrise abzeichnen und die Migration in die Europäische Union zunimmt, sehen wir uns mit Entwicklungen konfrontiert, die viele für Phänomene einer längst vergangenen Epoche hielten: dem Aufstieg nationalistischer, teils antiliberaler Parteien, einer tiefgreifenden Krise der EU, einer Verrohung des öffentlichen Diskurses durch Demagogen wie Donald Trump, wachsendem Misstrauen gegenüber den etablierten Medien und einer Verbreitung fremdenfeindlicher Einstellungen.

In diesem Band untersuchen international renommierte Forscher und Intellektuelle die Ursachen dieser »Großen Regression«, verorten sie in einem historischen Kontext, erörtern Szenarien für die nächsten Jahre und diskutieren Strategien, mit denen wir diesen Entwicklungen entgegentreten können.

Mit Beiträgen von Arjun Appadurai, Zygmunt Bauman, Ivan Krastev, Paul Mason, Wolfgang Streeck, Slavoj Žižek u. a.

edition suhrkamp

Didier Eribon
Rückkehr nach Reims
Aus dem Französischen von
Tobias Haberkorn
240 Seiten
€ 18,00 [D] / € 18,50 [A]
ISBN 978-3-518-07252-3
Auch als eBook erhältlich

Als sein Vater stirbt, reist Didier Eribon zum ersten Mal nach Jahrzehnten in seine Heimatstadt. Gemeinsam mit seiner Mutter sieht er sich Fotos an – das ist die Ausgangskonstellation dieses Buchs, das autobiografisches Schreiben mit soziologischer Reflexion verknüpft. Eribon realisiert, wie sehr er unter der Homophobie seines Herkunftsmilieus litt und dass es der Habitus einer armen Arbeiterfamilie war, der es ihm schwer machte, in der Pariser Gesellschaft Fuß zu fassen. Darüber hinaus liefert er eine Analyse des sozialen und intellektuellen Lebens seit den fünfziger Jahren und fragt, warum ein Teil der Arbeiterschaft zum Front National übergelaufen ist. Das Buch sorgt seit seinem Erscheinen international für Aufsehen. So widmete Édouard Louis dem Autor seinen Bestseller *Das Ende von Eddy*.

»Hellsichtig und düster, wütend und brillant.«   *Der Spiegel*

edition suhrkamp

Weitere Informationen erhalten Sie unter www.suhrkamp.de
oder in Ihrer Buchhandlung.